2015年版

电网技术改造工程预算定额

第五册　通信工程

国家能源局　发布

图书在版编目（CIP）数据

电网技术改造工程预算定额：2015年版．第5册，通信工程/国家能源局发布．—北京：中国电力出版社，2015.10（2016.7 重印）
ISBN 978-7-5123-8306-7

Ⅰ．①电… Ⅱ．①国… Ⅲ．①电力系统－技术改造－预算定额－中国②通信工程－预算定额－中国 Ⅳ．①F426.61

中国版本图书馆 CIP 数据核字（2015）第 226525 号

电网技术改造工程预算定额（2015年版） 第五册 通信工程

中国电力出版社出版、发行 三河市万龙印装有限公司印刷 各地新华书店经售
（北京市东城区北京站西街 19 号 100005 http://www.cepp.sgcc.com.cn）
2015年10月第一版 2016年7月北京第三次印刷 印数 10001—12000 册
850 毫米×1168 毫米 横 32 开本 6.875 印张 178 千字 定价 **60.00** 元

国家能源局关于颁布《电网技术改造工程定额及费用计算规定》（2015年版）和《电网检修工程定额及费用计算规定》（2015年版）的通知

国能电力〔2015〕270号

各有关单位：

为适应电网检修、技改工程快速发展的需要，科学反映其物料消耗及其市场价格变化情况，合理确定和有效控制电网检修、技改工程造价水平，规范电网检修、技改工程投资行为，维护各参与方合法权益，我局委托中国电力企业联合会组织编制完成《电网技术改造工程定额及费用计算规定》（2015年版）和《电网检修工程定额及费用计算规定》（2015年版）。现印发你们，请遵照执行。

附件：1．电网技术改造工程预算编制与计算规定

2．电网技术改造工程概算定额（建筑修缮工程、电气工程、通信工程共3册）

3．电网技术改造工程预算定额（建筑修缮工程、电气工程、输电线路工程、通信工程、调试工程共 5 册）
4．电网拆除工程预算定额（电气工程、输电线路工程、通信工程共 3 册）
5．电网检修工程预算编制与计算规定
6．电网检修工程预算定额（电气工程、输电线路工程、调试工程、通信工程共 4 册）

国家能源局（印）
2015 年 7 月 15 日

总　说　明

一、《电网技术改造工程预算定额》（2015 年版）共 5 册，包括：

第一册　建筑修缮工程　　　　第二册　电气工程

第三册　输电线路工程　　　　第四册　调试工程

第五册　通信工程

二、本册为第五册《通信工程》（以下简称本定额），适用于电力专用通信网通信设备和通信线路等的技术改造工程。

三、本定额是编制工程预算的依据，也是编制最高投标限价、投标报价和工程结算的基础依据。

四、本定额的主要编制依据：

1. DL/T 548—2012　电力系统通信站过电压防护规程
2. DL/T 564—1995　音频负荷控制接收机
3. DL/T 860 系列　变电站通信网络和系统
4. DL/T 598—2010　电力系统自动交换电话网技术规范
5. DL/T 795—2001　电力系统数字调度交换机
6. DL/T 798—2002　电力系统卫星通信运行管理规程
7. DL/T 788—2001　全介质自承式光缆
8. DL/T 544—2012　电力通信运行管理规程

9. DL/T 545—2012　电力系统微波通信运行管理规程
10. DL/T 832—2003　光纤复合架空地线
11. DL/T 888—2004　电力调度交换机电力 DTMF 信令规范
12. DL/T 981—2005　电力系统控制及其通信数据和通信安全
13. DL/T 5344—2006　电力光纤通信工程验收规范
14. DL/T 5391—2007　电力系统通信设计技术规定
15. GB/T 7329—2008　电力线载波结合设备
16. DL/T 1146—2009　DL/T 860 实施技术规范
17. DL 5009.2—2013　电力建设安全工作规程　第 2 部分：电力线路
18. DL 5009.3—2013　电力建设安全工作规程　第 3 部分：变电站
19. GB 50374—2006　通信管道工程施工及验收规范
20. 电力建设工程工期定额（2012 年版）

五、本定额是在设备、材料及器材等完整无损，符合质量标准和设计要求，并附有制造厂出厂检验合格证和试验记录的前提下，按电网技术改造工程合理的施工组织设计、施工机械配备以及合理的工期、正常的地理气候条件下制定的。定额中的人工、材料、施工机械台班消耗量反映了通信技术改造工程施工技术水平和组织水平，除各章节另有具体说明外，均不得因实际施工组织、操作方法等的差异而对定额进行调整或换算。

六、本定额中考虑的工作内容，除各章另有说明外，均包括进场及开工前的准备、场地清理，工作票、措施票的办理，设备、器材的站内运输及堆放，设备开箱检验、清洁、安装、固定、补漆、接地，设备单机调测，设备组网联调，相关业务接入工作。

七、关于人工：

1. 本定额的人工分为普通工和安装技术工，人工用量包括施工基本用工和辅助用工。

2. 普通工单价为37元/工日，安装技术工单价为57元/工日；每个工日为8小时。

八、关于材料：

1. 计价材料用量包括合理的施工用量和施工损耗。其中，周转性材料按摊销量计列；零星材料合并为其他材料费。

2. 本定额中计价材料单价按照电力行业2015年第一季度材料预算价格综合取定。

九、关于机械：

1. 机械台班用量包括合理施工用量和必要间歇消耗量等。

2. 本定额中施工机械台班费按2015年电力行业机械台班库综合取定。

3. 不构成固定资产的小型机械或仪表，未计列机械台班用量，包括在《电网技术改造工程预算编制与计算规定》（2015年版）的施工工具用具使用费中。

十、本定额内不包括的工作内容：

1. 管道支吊架、电缆桥架等金属构件的制作安装。

2. 安装设备所需混凝土基础的浇制。

3. 土石方工程、工地运输。

4. 机房照明灯具、消防器材等的安装。

5. OPGW(光纤复合架空地线)光缆架设。

6. 为了保证安全生产和符合环保要求而在施工过程中所采取特殊措施所发生的费用。

7. 机房接地网及环形地母线的制作安装。

十一、本定额中凡采用“××以内”或“××以下”者均包括“××”本身；凡采用“××以上”或“××以外”者，均不包括“××”本身。

十二、本说明内未尽事宜，按各章说明执行。

目　　录

第 4 章　微波通信设备

第 5 章　电力载波设备

第 6 章　辅 助 设 备

第 7 章　设 备 电 缆

第 8 章　程控交换设备

第 9 章　监控设备、安全防护设备

第 10 章　会议电话、会议电视设备

第 11 章　数据网通信设备

第1章 光纤通信数字设备

说　明

一、内容范围

本章包括光纤准同步数字（PDH）传输设备安装调测、光纤同步数字（SDH）传输设备安装调测、光纤同步数字（SDH）传输设备接口盘安装调测、网络管理系统安装调测、数字通信通道调测、密集波分复用设备（DWDM）安装调测、密集波分复用设备（DWDM）系统通道调测、光功率放大器、无源光网络设备安装调测、数字交叉连接设备安装调测、无线接入设备安装调测、中低压载波设备安装调测。

二、未包括的内容

1．设备之间连接缆线敷设，使用时套用本定额第 7 章“设备电缆”相关子目。

2．与外部通道相连的通信光缆敷设，使用时套用本定额第 13 章“通信线路”相关子目。

三、工程量计算规则

1．光端机（PDH）、复用电端机、脉冲编码调制（PCM）设备、终端复用器（TM）、分插复用器（ADM）、终端复用器、跳级复用器、密集波分复用设备（DWDM）、子速率透明复用器(T-MUX)、数字线路段光端对测以“端”为计量单位，一收一发为 1 个端口。无源光网络设备安装调测中的数字线路段光端对测以“用户段”为计量单位。

2．监控系统调试及运行试验（PDH）、网络管理系统（SDH）、网管系统运行试验（SDH）、基本子架及公共单元盘（SDH）、光功率放大器、光纤设备远端监控配合、基本子架及公共单元盘（DWDM）、数字数据网设备（DDN）、无线设备、中低压载波设备以“套”为计量单位。

3．光、电调测中间站配合以“站”为计量单位。

4．接口单元盘（SDH）、2Mb/s 接口盘以“块”为计量单位，光谱分析模块以“单元”为计量单位。

5．光转换器、协议转换器以“个”为计量单位。

6. 复用设备系统调测以“系统/端”为计量单位，指全电路电口调测，包括 155Mb/s、140Mb/s、34Mb/s、8Mb/s、2Mb/s 各级电口，PDH 系统、SDH 系统均执行同一定额标准。

7．保护倒换测试以“环/系统”为计量单位，指光传输设备的自身保护倒换功能。

8．波分设备的线路段光端对测以“方向/系统”为计量单位。

9．波分设备的光通道调测以“方向/波道”为计量单位。

10．155Mb/s 接口子架以“子架”为计量单位。

四、定额套用及调整

1. PDH、SDH、DWDM 等光传输设备的安装调测包括基本子架公共单元盘和接口单元盘两个部分。基本子架包括交叉、网管、公务、时钟、电源等除群路、支路、光放盘以外的所有内容的机盘；接口单元盘包括群路侧、支路侧接口盘的安装和单机测试。各种速率系统的终端复用器（TM）、分插复用器（ADM）、密集波分复用器（DWDM）、数字交叉连接设备均按此套用。

2. 光纤通信数字设备安装调测子目 10Gb/s、2.5Gb/s、622Mb/s 系统按 1+0 状态编制。当系统为 1+1 状态时，TM 终端复用器每端增加 2 个工日，ADM 分插复用器每端增加 4 个工日。

3．光功率放大器包括相关的控制设备，不论容量（波道）、内置或外置均执行此子目。

4．网络管理系统安装包括 SNM、EM、X 终端、本地终端设备的安装，网管线、数据线、电源线的布放。

5．密集波分复用器安装调测定额子目包括合波器、分波器的安装与调试。

6．安装测试密集波分复用设备的网管系统套用 SDH 网管系统定额子目。

7．OTN 设备的安装调测参照密集波分复用设备子目套用。

8．PTN 设备的安装调测参照 SDH 设备子目套用。

9．光分路器、光网络单元、光线路终端、无线设备安装在铁塔上，则子目按人工费乘系数 1.5 调整。

10．光纤通信数字设备安装调测不得因长途、市话、场地、厂家的不同而做调整。

11．1.10 节无线接入设备安装调测是指用于输电线路在线监测系统传输数据的无线设备，接入点设备包含塔上信息采集装置和无线/有线信号转换装置；中继设备仅为进行无线信号中继的设备，一条线路（可以多回路）为一个系统。

1.1 光纤准同步数字(PDH)传输设备安装调测、监控系统调试及运行试验

工作内容： 1. 开箱检查、清洁搬运、设备标识、安装接口盘、接地、固定光纤活接头、检查核对架内架间电缆、通电检查、单机性能测试、自环测试等。2. 安装调测监控设备：开箱检查、清洁搬运、安装设备、硬件检查、修改数据、试通调试等。3. 监控系统运行试验等。

定额编号			JT1－1	JT1－2	JT1－3	JT1－4	JT1－5
项目			光端机	复用电端机		脉冲编码调制（PCM）设备	监控系统安装调测及运行试验（PDH）
			PDH	递级复用	跳级复用		
单位			端	端	端	端	套
基价（元）			**419.65**	**543.41**	**418.09**	**439.01**	**1811.92**
其中	人工费（元）		161.00	161.00	104.00	166.70	1710.00
	材料费（元）		124.33	124.33	124.33	82.55	
	机械费（元）		134.32	258.08	189.76	189.76	101.92
名称		单位	数量				
人工	普通工	工日	0.5000	0.5000	0.5000	0.5000	
	安装技术工	工日	2.5000	2.5000	1.5000	2.6000	30.0000
计价材料	松香焊锡丝	kg	0.1000	0.1000	0.1000	0.1000	
	镀锌六角螺栓　综合	kg	0.2830	0.2830	0.2830	0.2830	
	软铜绞线　35mm^2	m	3.0000	3.0000	3.0000	2.0000	

续表

定额编号			JT1－1	JT1－2	JT1－3	JT1－4	JT1－5
项目			光端机	复用电端机		脉冲编码调制（PCM）设备	监控系统安装调测及运行试验（PDH）
			PDH	递级复用	跳级复用		
计价材料	铜接线端子　100A	个	6.0000	6.0000	6.0000	4.0000	
	标签色带　（12～36）mm×8m	卷	0.5000	0.5000	0.5000	0.0380	
	热塑管	m	1.0000	1.0000	1.0000	1.0000	
	乙醇（酒精）　工业用99.5%	kg	0.5000	0.5000	0.5000	0.5000	
	其他材料费	元	3.6600	3.6600	3.6600	2.8400	
机械	载重汽车　5t	台班	0.0500	0.0500	0.0500	0.0500	
	网络测试仪	台班					0.2000
	可变光衰耗器	台班	0.5000				
	光源	台班	1.0000				
	光功率计	台班	1.0000				
	数据分析仪（数据测试仪）	台班		1.8000	1.0000	0.5000	
	PCM通道测试仪	台班				0.5000	
	功能检测分析平台（电脑）	台班			1.0000	1.0000	2.0000

1.2 光纤同步数字（SDH）传输设备安装调测

工作内容： 1. 开箱检查、清洁搬运、设备标识、安装接口盘、接地、固定光纤活接头、检查核对架内架间电缆、通电检查、单机性能测试、自环测试等。2. 交叉、网管、公务、时钟、电源等除群路、支路、光放盘以外的所有内容的机盘测试。3. 接口盘、光功率放大器、转换器的安装、通电检查、单机性能测试、自环测试等。

<table>
<tr><td colspan="3">定 额 编 号</td><td>JT1 -6</td><td>JT1 -7</td><td>JT1 -8</td><td>JT1 -9</td></tr>
<tr><td colspan="3" rowspan="2">项 目</td><td colspan="4">分插复用器（ADM）</td></tr>
<tr><td>10Gb/s</td><td>2.5Gb/s</td><td>622Mb/s</td><td>155Mb/s</td></tr>
<tr><td colspan="3">单 位</td><td>端</td><td>端</td><td>端</td><td>端</td></tr>
<tr><td colspan="3">基 价（元）</td><td>2387.33</td><td>2150.24</td><td>1890.08</td><td>1732.24</td></tr>
<tr><td rowspan="3">其中</td><td colspan="2">人 工 费（元）</td><td>929.00</td><td>815.00</td><td>701.00</td><td>644.00</td></tr>
<tr><td colspan="2">材 料 费（元）</td><td>109.11</td><td>109.11</td><td>109.11</td><td>109.11</td></tr>
<tr><td colspan="2">机 械 费（元）</td><td>1349.22</td><td>1226.13</td><td>1079.97</td><td>979.13</td></tr>
<tr><td colspan="2">名 称</td><td>单位</td><td colspan="4">数 量</td></tr>
<tr><td rowspan="2">人工</td><td>普通工</td><td>工日</td><td>2.0000</td><td>2.0000</td><td>2.0000</td><td>2.0000</td></tr>
<tr><td>安装技术工</td><td>工日</td><td>15.0000</td><td>13.0000</td><td>11.0000</td><td>10.0000</td></tr>
<tr><td rowspan="2">计价材料</td><td>松香焊锡丝</td><td>kg</td><td>0.1000</td><td>0.1000</td><td>0.1000</td><td>0.1000</td></tr>
<tr><td>镀锌六角螺栓 综合</td><td>kg</td><td>0.2830</td><td>0.2830</td><td>0.2830</td><td>0.2830</td></tr>
</table>

续表

定额编号			JT1－6	JT1－7	JT1－8	JT1－9
项目			分插复用器（ADM）			
			10Gb/s	2.5Gb/s	622Mb/s	155Mb/s
计价材料	软铜绞线 35mm^2	m	3.0000	3.0000	3.0000	3.0000
	铜接线端子 100A	个	4.0000	4.0000	4.0000	4.0000
	标签色带 （12～36）mm×8m	卷	0.5000	0.5000	0.5000	0.5000
	其他材料费	元	3.3500	3.3500	3.3500	3.3500
机械	载重汽车 5t	台班	0.1000	0.1000	0.1000	0.1000
	网络测试仪	台班	0.3500	0.3000	0.2500	0.2200
	可变光衰耗器	台班	0.8000	0.8000	0.6000	0.4000
	光源	台班	0.8000	0.8000	0.6000	0.4000
	光功率计	台班	0.8000	0.8000	0.6000	0.4000
	SDH综合测试仪	台班	0.5500	0.5000	0.4500	0.4200
	功能检测分析平台（电脑）	台班	2.0000	1.5000	1.2000	1.0000

定 额 编 号			JT1－10	JT1－11	JT1－12	JT1－13	JT1－14
项 目			终端复用器（TM）				跳级复用器 2/155Mb/s
			10Gb/s	2.5Gb/s	622Mb/s	155Mb/s	155Mb/s
单 位			端	端	端	端	端
基 价（元）			**1687.03**	**1454.08**	**1221.14**	**1128.52**	**1247.36**
其中	人 工 费（元）		701.00	587.00	473.00	450.20	530.00
	材 料 费（元）		109.11	109.11	109.11	109.11	109.11
	机 械 费（元）		876.92	757.97	639.03	569.21	608.25
名 称		单位	数 量				
人工	普通工	工日	2.0000	2.0000	2.0000	2.0000	2.0000
	安装技术工	工日	11.0000	9.0000	7.0000	6.6000	8.0000
计价材料	松香焊锡丝	kg	0.1000	0.1000	0.1000	0.1000	0.1000
	镀锌六角螺栓 综合	kg	0.2830	0.2830	0.2830	0.2830	0.2830
	软铜绞线 $35mm^2$	m	3.0000	3.0000	3.0000	3.0000	3.0000
	铜接线端子 100A	个	4.0000	4.0000	4.0000	4.0000	4.0000
	标签色带 (12～36)mm×8m	卷	0.5000	0.5000	0.5000	0.5000	0.5000
	其他材料费	元	3.3500	3.3500	3.3500	3.3500	3.3500
机械	载重汽车 5t	台班	0.1000	0.1000	0.1000	0.1000	0.1000
	网络测试仪	台班	0.2500	0.2000	0.1500	0.1200	0.1200
	可变光衰耗器	台班	0.6000	0.5000	0.4000	0.3500	0.3500
	光源	台班	0.6000	0.5000	0.4000	0.3500	0.3500

续表

定额编号			JT1－10	JT1－11	JT1－12	JT1－13	JT1－14
项目			终端复用器（TM）				跳级复用器 2/155Mb/s
			10Gb/s	2.5Gb/s	622Mb/s	155Mb/s	155Mb/s
机械	光功率计	台班	0.6000	0.5000	0.4000	0.3500	0.3500
	SDH 综合测试仪	台班	0.3500	0.3000	0.2500	0.2200	0.2400
	功能检测分析平台（电脑）	台班	1.0000	1.0000	1.0000	1.0000	1.0000

定额编号			JT1－15	JT1－16	JT1－17	JT1－18	JT1－19	JT1－20
项目			调测基本子架及公共单元盘		接口单元盘（SDH）			
			622Mb/s 以下	622Mb/s 以上	10Gb/s	2.5Gb/s	622Mb/s	155Mb/s（光）
单位			套	套	块	块	块	块
基价（元）			**646.36**	**918.14**	**334.34**	**302.24**	**279.91**	**214.47**
其中	人工费（元）		143.90	175.25	114.00	102.60	96.90	91.20
	材料费（元）		5.64	5.64	0.45	0.45	0.45	0.45
	机械费（元）		496.82	737.25	219.89	199.19	182.56	122.82
名称		单位	数量					
人工	普通工	工日	0.5000	0.5000				
	安装技术工	工日	2.2000	2.7500	2.0000	1.8000	1.7000	1.6000
计价材料	标签色带 (12～36)mm×8m	卷	0.2500	0.2500	0.0100	0.0100	0.0100	0.0100
	乙醇（酒精） 工业用99.5%	kg	0.0500	0.0500	0.0200	0.0200	0.0200	0.0200
	脱脂棉	卷	0.0500	0.0500	0.0200	0.0200	0.0200	0.0200
	其他材料费	元			0.0100	0.0100	0.0100	0.0100
机械	网络测试仪	台班	0.0330	0.0550	0.0500	0.0400	0.0300	0.0200
	可变光衰耗器	台班	0.4400	0.6600	0.5000	0.5000	0.4000	0.4000

续表

定额编号			JT1－15	JT1－16	JT1－17	JT1－18	JT1－19	JT1－20
项目			调测基本子架及公共单元盘		接口单元盘（SDH）			
			622Mb/s 以下	622Mb/s 以上	10Gb/s	2.5Gb/s	622Mb/s	155Mb/s（光）
机械	光源	台班	0.4400	0.6600	0.5000	0.5000	0.4000	0.4000
	光功率计	台班	0.4400	0.6600	0.5000	0.5000	0.4000	0.4000
	SDH 综合测试仪	台班	0.2000	0.3000	0.0600	0.0500	0.0500	0.0200
	功能检测分析平台（电脑）	台班	0.8800	1.1000	0.5000	0.5000	0.5000	0.5000

定额编号			JT1－21	JT1－22	JT1－23	JT1－24
项目			接口单元盘（SDH）			
			155Mb/s（电）	45M/34Mb/s	2Mb/s	数据接口
单位			块	块	块	块
基价（元）			**129.85**	**112.19**	**86.81**	**77.05**
其中	人工费（元）		68.40	57.00	57.00	57.00
	材料费（元）		0.45	0.45	0.45	0.45
	机械费（元）		61.00	54.74	29.36	19.60
名称		单位	数量			
人工	安装技术工	工日	1.2000	1.0000	1.0000	1.0000
计价材料	标签色带　(12～36)mm×8m	卷	0.0100	0.0100	0.0100	0.0100
	乙醇（酒精）　工业用99.5%	kg	0.0200	0.0200	0.0200	0.0200
	脱脂棉	卷	0.0200	0.0200	0.0200	0.0200
	其他材料费	元	0.0100	0.0100	0.0100	0.0100
机械	网络测试仪	台班	0.0200			
	SDH 综合测试仪	台班	0.0200	0.0180	0.0050	
	功能检测分析平台（电脑）	台班	0.5000	0.5000	0.5000	0.5000

定额编号			JT1－25	JT1－26	JT1－27
项目			光转换器	光功率放大器	协议转换器
单位			个	套	个
基价（元）			**181.74**	**751.47**	**136.79**
其中	人工费（元）		125.40	456.00	125.40
	材料费（元）		11.39	11.39	11.39
	机械费（元）		44.95	284.08	
名称		单位	数量		
人工	安装技术工	工日	2.2000	8.0000	2.2000
计价材料	标签色带 （12～36）mm×8m	卷	0.4940	0.4940	0.4940
	乙醇（酒精） 工业用99.5%	kg	0.1000	0.1000	0.1000
	脱脂棉	卷	0.1000	0.1000	0.1000
	其他材料费	元	0.2200	0.2200	0.2200
机械	可变光衰耗器	台班	0.1000	0.1000	
	光源	台班	0.1000	0.5000	
	光功率计	台班	0.1000	0.5000	
	光频谱分析仪	台班	0.1000	0.8000	

1.3 光纤同步数字（SDH）传输设备网管安装调测

工作内容：开箱检查、清洁搬运、设备安装固定、设备自检、修改数据、试通调试等。

定额编号			JT1－28	JT1－29	JT1－30
项目			网络管理系统		
			本地维护终端	网元级	网络级
单位			套	套	套
基价（元）			**313.50**	**2607.48**	**4554.06**
其中	人工费（元）		313.50	2337.00	4189.50
	材料费（元）				
	机械费（元）			270.48	364.56
名称		单位	数量		
人工	安装技术工	工日	5.5000	41.0000	73.5000
机械	网络测试仪	台班		1.8000	2.1000
	功能检测分析平台（电脑）	台班		1.5000	3.0000

1.4 网络管理系统运行试验（SDH）

工作内容：网络管理系统运行试验。

定额编号			JT1－31	JT1－32	JT1－33
项目			网络管理系统运行试验 本地维护终端	网络管理系统运行试验 网元级	网络管理系统运行试验 网络级
单位			套	套	套
基价（元）			**295.70**	**817.28**	**2175.32**
其中	人工费（元）		256.50	684.00	1995.00
	材料费（元）				
	机械费（元）		39.20	133.28	180.32
名称		单位	数量		
人工	安装技术工	工日	4.5000	12.0000	35.0000
机械	网络测试仪	台班		0.8000	1.2000
	功能检测分析平台（电脑）	台班	1.0000	1.0000	1.0000

1.5 数字通信通道调测

工作内容： 1. 系统误码特性、系统抖动、系统光功率测试。2. 告警、检测、倒换功能、公务操作检查、接口测试等。3. 记录数据、填写调试报告。

定额编号			JT1－34	JT1－35	JT1－36	JT1－37	JT1－38
项目			数字线路段光端对测	复用设备系统调测	光、电调测中间站配合	光纤设备远端监控配合	保护倒换测试
单位			端	端/系统	站	套	环/系统
基价（元）			**971.35**	**602.43**	**525.97**	**153.20**	**990.95**
其中	人工费（元）		171.00	114.00	256.50	114.00	171.00
	材料费（元）						
	机械费（元）		800.35	488.43	269.47	39.20	819.95
名称		单位	数量				
人工	安装技术工	工日	3.0000	2.0000	4.5000	2.0000	3.0000
机械	网络测试仪	台班	0.8000	0.5000			0.8000
	可变光衰耗器	台班	0.4000		0.1000		0.4000
	光源	台班	0.4000		0.1000		0.4000
	光功率计	台班	0.4000		0.1000		0.4000
	SDH 综合测试仪	台班	0.3000	0.2000	0.1000		0.3000
	功能检测分析平台（电脑）	台班	1.5000	1.0000	1.5000	1.0000	2.0000

1.6 密集波分复用设备（DWDM）安装调测

工作内容： 开箱检查、清洁搬运、安装机盘、固定机盘间接头、接地、检查核对架内架间电缆、通电检查、单机性能测试等。

定额编号			JT1－39	JT1－40	JT1－41
项目			波分复用器		波长转换器
			32 波以下	32 波以上	每开通 4 波
单位			端	端	端
基价（元）			**797.03**	**1020.38**	**428.34**
其中	人工费（元）		359.00	530.00	142.50
	材料费（元）		118.20	113.06	13.80
	机械费（元）		319.83	377.32	272.04
名称		单位	数量		
人工	普通工	工日	2.0000	2.0000	
	安装技术工	工日	5.0000	8.0000	2.5000
计价材料	松香焊锡丝	kg	0.1000	0.1000	
	镀锌六角螺栓　综合	kg	0.2830	0.2830	0.2830
	软铜绞线　35mm²	m	3.0000	3.0000	
	铜接线端子　100A	个	6.0000	6.0000	
	标签色带　(12～36)mm×8m	卷	0.7500	0.5000	0.5000
	脱脂棉	卷	0.1000	0.1000	0.1000

续表

定　额　编　号			JT1－39	JT1－40	JT1－41
项　　目			波分复用器		波长转换器
			32 波以下	32 波以上	每开通 4 波
计价材料	其他材料费	元	2.8800	2.7800	0.8300
机械	载重汽车　5t	台班	0.1000	0.1000	
	可变光衰耗器	台班	0.3000	0.4000	0.2000
	光源	台班	0.3000	0.4000	0.2000
	光功率计	台班	0.3000	0.4000	0.2000
	光频谱分析仪	台班	0.0900	0.1000	0.0900
	光纤色散测试仪	台班	0.0900	0.1000	0.0900
	功能检测分析平台（电脑）	台班	1.0000	1.5000	1.0000

定额编号			JT1－42	JT1－43	JT1－44	JT1－45	JT1－46
项目			调测基本子架及公共单元盘（DWDM）	子速率透明复用器（T－MUX）			光谱分析模块
				10Gb/s	2.5Gb/s	千兆以太网接口（GE）	
单位			套	端口	端口	端口	单元
基价（元）			**878.52**	**567.04**	**437.21**	**191.69**	**318.06**
其中	人工费（元）		151.00	102.60	85.50	68.40	68.40
	材料费（元）		2.26	13.53	13.53	13.53	13.53
	机械费（元）		725.26	450.91	338.18	109.76	236.13
名称		单位	数量				
人工	普通工	工日	1.0000				
	安装技术工	工日	2.0000	1.8000	1.5000	1.2000	1.2000
计价材料	镀锌六角螺栓 综合	kg		0.2830	0.2830	0.2830	0.2830
	标签色带 （12～36）mm×8m	卷	0.1000	0.5000	0.5000	0.5000	0.5000
	脱脂棉	卷	0.0200	0.1000	0.1000	0.1000	0.1000
	其他材料费	元	0.1100	0.5600	0.5600	0.5600	0.5600
机械	网络测试仪	台班				0.8000	
	可变光衰耗器	台班	0.2000	0.4000	0.3000		
	光功率计	台班	0.2000	0.4000	0.3000		0.2000
	光频谱分析仪	台班					0.1000
	光纤色散测试仪	台班					0.1000

续表

定额编号			JT1－42	JT1－43	JT1－44	JT1－45	JT1－46
项目			调测基本子架及公共单元盘（DWDM）	子速率透明复用器（T－MUX）			光谱分析模块
				10Gb/s	2.5Gb/s	千兆以太网接口（GE）	
机械	SDH综合测试仪	台班	0.3500	0.2000	0.1500		
	功能检测分析平台（电脑）	台班	0.5000	0.4000	0.3000	0.4000	0.1000

1.7 密集波分复用设备（DWDM）系统通道调测

工作内容： 1. 对信噪比、中心频率、误码率、抖动等各种性能进行调测。2. 数据记录、填写调试报告。

定额编号			JT1－47	JT1－48	JT1－49
项目			线路段光端对测		
			光放站	分路站	端站/再生站
单位			方向/系统	方向/系统	方向/系统
基价（元）			**972.77**	**2365.13**	**2841.71**
其中	人工费（元）		114.00	228.00	285.00
	材料费（元）				
	机械费（元）		858.77	2137.13	2556.71
名称		单位	数量		
人工	安装技术工	工日	2.0000	4.0000	5.0000
机械	光频谱分析仪	台班	0.2000	0.5000	0.6000
	光纤色散测试仪	台班	0.2000	0.5000	0.6000
	SDH综合测试仪	台班	0.2000	0.5000	0.6000
	功能检测分析平台（电脑）	台班	0.5000	1.0000	1.0000

定额编号			JT1-50	JT1-51	JT1-52
项目			光通道调测		
			40Gb/s	10Gb/s	2.5Gb/s 以下
单位			方向/波道	方向/波道	方向/波道
基价（元）			**1951.20**	**1489.68**	**999.65**
其中	人工费（元）		199.50	171.00	114.00
	材料费（元）				
	机械费（元）		1751.70	1318.68	885.65
名称		单位	数量		
人工	安装技术工	工日	3.5000	3.0000	2.0000
机械	数据分析仪（数据测试仪）	台班	0.4000	0.3000	0.2000
	光频谱分析仪	台班	0.4000	0.3000	0.2000
	光纤色散测试仪	台班	0.4000	0.3000	0.2000
	SDH 综合测试仪	台班	0.4000	0.3000	0.2000
	功能检测分析平台（电脑）	台班	0.5000	0.5000	0.5000

1.8 数字交叉连接（DDN）设备安装调测

工作内容：开箱检查、清洁搬运、安装机盘、检查核对机架间电缆、本机性能测试等。

定额编号			JT1－53	JT1－54	JT1－55
项目			数字交叉连接设备（DDN）	155Mb/s 接口子架	2Mb/s 接口盘
单位			套	子架	块
基价（元）			**1203.33**	**1276.37**	**394.62**
其中	人工费（元）		800.80	1000.30	353.40
	材料费（元）		104.61	0.77	2.02
	机械费（元）		297.92	275.30	39.20
名称		单位	数量		
人工	普通工	工日	1.0000	1.0000	
	安装技术工	工日	13.4000	16.9000	6.2000
计价材料	镀锌六角螺栓　综合	kg	0.2830		
	软铜绞线　35mm²	m	3.0000		
	铜接线端子　100A	个	4.0000		
	标签色带　(12～36)mm×8m	卷	0.5000	0.0380	0.1000
	其他材料费	元	1.2100		

续表

定额编号			JT1－53	JT1－54	JT1－55
项目			数字交叉连接设备（DDN）	155Mb/s 接口子架	2Mb/s 接口盘
机械	光功率计	台班		0.3000	
	误码测试仪（2M）	台班	3.8000		0.5000
	SDH 综合测试仪	台班		0.1350	

1.9 无源光网络设备安装调测

工作内容： 开箱检查、清洁搬运、安装固定、调整水平、固定连线、通电检查、单机性能调测、系统联调、数据记录、填写调试报告等。

定额编号			JT1－56	JT1－57	JT1－58	JT1－59
项目			光分路器		光网络单元	光线路终端
			1∶8 以下	1∶8 以上		
单位			台	台	台	台
基价（元）			**89.12**	**125.82**	**139.22**	**407.42**
其中	人工费（元）		39.60	56.70	68.10	257.90
	材料费（元）		10.32	10.32	12.32	12.32
	机械费（元）		39.20	58.80	58.80	137.20
名称		单位	数量			
人工	普通工	工日	0.3000	0.3000	0.3000	0.5000
	安装技术工	工日	0.5000	0.8000	1.0000	4.2000
计价材料	镀锌六角螺栓 综合	kg			0.2830	0.2830
	标签色带 (12～36)mm×8m	卷	0.5000	0.5000	0.5000	0.5000
	其他材料费	元	0.2400	0.2400		
机械	光功率计	台班	1.0000	1.0000	1.0000	1.0000
	功能检测分析平台（电脑）	台班		0.5000	0.5000	2.5000

定额编号			JT1－60	JT1－61	JT1－62
项目			数字线路段光端对测	网管系统	系统联调
单位			段	套	系统
基价（元）			**70.79**	**946.93**	**883.60**
其中	人工费（元）		39.90	855.00	570.00
	材料费（元）		11.29	13.53	
	机械费（元）		19.60	78.40	313.60
名称		单位	数量		
人工	安装技术工	工日	0.7000	15.0000	10.0000
计价材料	镀锌六角螺栓　综合	kg		0.2830	
	标签色带　(12～36)mm×8m	卷	0.5000	0.5000	
	脱脂棉	卷	0.1000	0.1000	
	其他材料费	元	0.5600	0.5600	
机械	光功率计	台班	0.5000		3.0000
	功能检测分析平台（电脑）	台班		2.0000	5.0000

1.10 无线接入设备安装调测

工作内容：开箱检查、清洁搬运、安装固定、调整水平、固定连线、通电检查、单机性能调测、系统联调、数据记录、填写调试报告等。

定额编号			JT1-63	JT1-64	JT1-65
项目			无线设备		
			接入点设备	中继设备	系统联调
单位			套	套	系统
基价（元）			**293.06**	**179.06**	**630.60**
其中	人工费（元）		208.00	94.00	513.00
	材料费（元）		13.53	13.53	
	机械费（元）		71.53	71.53	117.60
名称		单位	数量		
人工	普通工	工日	1.0000	1.0000	
	安装技术工	工日	3.0000	1.0000	9.0000
计价材料	镀锌六角螺栓　综合	kg	0.2830	0.2830	
	标签色带　(12~36)mm×8m	卷	0.5000	0.5000	
	脱脂棉	卷	0.1000	0.1000	
	其他材料费	元	0.5600	0.5600	
机械	载重汽车　5t	台班	0.1000	0.1000	
	功能检测分析平台（电脑）	台班	1.0000	1.0000	3.0000

1.11 中低压载波设备安装调测

工作内容：开箱检查、清洁搬运、划线定位、安装加固机架、接地、通电检查、单机性能测试、通道测试、设备联调、数据记录、填写调试报告。

定额编号			JT1－66	JT1－67	JT1－68
项目			中低压载波设备		
			从载波设备	主载波设备	系统联调
单位			套	套	系统
基价（元）			**78.37**	**147.13**	**554.00**
其中	人工费（元）		57.00	114.00	456.00
	材料费（元）		13.53	13.53	
	机械费（元）		7.84	19.60	98.00
名称		单位	数量		
人工	安装技术工	工日	1.0000	2.0000	8.0000
计价材料	镀锌六角螺栓　综合	kg	0.2830	0.2830	
	标签色带　(12～36)mm×8m	卷	0.5000	0.5000	
	脱脂棉	卷	0.1000	0.1000	
	其他材料费	元	0.5600	0.5600	
机械	功能检测分析平台（电脑）	台班	0.2000	0.5000	2.5000

第2章 同步网设备

说　明

一、内容范围

本章包括通信数字同步网设备安装调测、变电站（电厂）数字同步设备安装调测。

二、未包括的内容

设备之间连接缆线敷设，使用时套用本定额第 7 章“设备电缆”相关子目。

三、工程量计算规则

1．同步时钟系统（BITS）、基准时钟（铯钟）、卫星接收机、网络时间协议设备（NTP）、主站时钟屏、扩展时钟屏以“台”为计量单位。

2．卫星接收天线、馈线布放调测以“条”为计量单位。

3．监控管理中心网管、本地监控终端网管以“套”为计量单位。

4．系统联调以“站”为计量单位。

5．同步板卡（时间、频率、NTP）以“块”为计量单位。

四、定额套用及调整

1．通信数字同步网设备的卫星接收天线、馈线布放调测以 30m 为一条，超过 30m 的套用“每增加 10m”子目。

2．变电站（电厂）数字同步设备的卫星接收天线、馈线布放调测，不论长度均执行此子目。

3．卫星接收机不论类型均执行此子目。

2.1 通信数字同步网设备安装调测

工作内容： 1. 开箱检查、清洁搬运、定位安装、插装机盘、接地、通电检查、单机性能测试。2. 卫星天线、馈线安装与调测，接头制作。3. 对设备进行联调，记录数据、填写调试报告。

定额编号			JT2-1	JT2-2	JT2-3	JT2-4
项目			频率同步时钟系统（BITS）	基准时钟（铯钟）	卫星接收机	网络时间协议设备（NTP）
单位			台	台	台	台
基价（元）			**4346.80**	**1376.84**	**467.47**	**457.11**
其中	人工费（元）		1291.00	721.00	208.00	285.00
	材料费（元）		123.79	20.95	98.34	100.58
	机械费（元）		2932.01	634.89	161.13	71.53
名称		单位	数量			
人工	普通工	工日	1.0000	1.0000	1.0000	
	安装技术工	工日	22.0000	12.0000	3.0000	5.0000
计价材料	镀锌六角螺栓 综合	kg	0.2830	0.2830		0.2830
	镀锌铁丝 8号	kg	2.0000	2.0000		
	软铜绞线 35mm²	m	3.0000		3.0000	3.0000
	铜接线端子 100A	个	4.0000		4.0000	4.0000
	标签色带 (12~36)mm×8m	卷	0.5000	0.3000	0.3000	0.3000

续表

定额编号			JT2－1	JT2－2	JT2－3	JT2－4
项目			频率同步时钟系统（BITS）	基准时钟（铯钟）	卫星接收机	网络时间协议设备（NTP）
计价材料	自粘性橡胶带　25mm×20m	卷	1.0000			
	脱脂棉	卷	0.1000	0.1000	0.1000	0.1000
	其他材料费	元	0.5600	0.5600	0.5600	0.5600
机械	载重汽车　5t	台班	0.1000	0.1000	0.1000	0.1000
	数字存储示波器	台班	1.5000	1.2000		
	漂移测试仪	台班	2.3000	0.1000		
	GPS 时钟测试仪	台班	1.5000		1.0000	
	功能检测分析平台（电脑）	台班	1.0000	1.0000	1.0000	1.0000

定额编号			JT2-5	JT2-6	JT2-7	JT2-8
项目			卫星接收天线、馈线布放调测		监控管理中心网管	本地监控终端网管
			30m	每增加10m		
单位			条	条	套	套
基价（元）			**220.32**	**40.57**	**1168.60**	**295.70**
其中	人工费（元）		96.60	19.69	855.00	256.50
	材料费（元）		91.39	20.88		
	机械费（元）		32.33		313.60	39.20
名称		单位	数量			
人工	普通工	工日	0.3000	0.0700		
	安装技术工	工日	1.5000	0.3000	15.0000	4.5000
计价材料	镀锌铁丝 8号	kg	6.0000	1.0000		
	标签色带 （12~36）mm×8m	卷	1.5000	0.5000		
	自粘性橡胶带 25mm×20m	卷	3.0000	0.5000		
	脱脂棉	卷	0.3000	0.1000		
	其他材料费	元	1.6800	0.5600		
机械	载重汽车 5t	台班	0.1000			
	网络测试仪	台班			2.0000	
	功能检测分析平台（电脑）	台班			2.0000	1.0000

定额编号			JT2－9	JT2－10
项目			系统联调	同步板卡 时间、频率、NTP
单位			站	块
基价（元）			**2069.60**	**83.86**
其中	人工费（元）		1140.00	57.00
	材料费（元）			7.26
	机械费（元）		929.60	19.60
名称		单位	数量	
人工	安装技术工	工日	20.0000	1.0000
计价材料	标签色带 （12～36）mm×8m	卷		0.3000
	乙醇（酒精） 工业用99.5%	kg		0.1000
	脱脂棉	卷		0.1000
机械	漂移测试仪	台班	1.0000	
	功能检测分析平台（电脑）	台班		0.5000

2.2 变电站（电厂）数字同步设备安装调测

工作内容： 1. 屏柜就位、固定、开箱检查、清洁搬运、定位安装、插装机盘、接地、通电检查、单机性能测试。2. 卫星天线、馈线安装与调测、接头制作。3. 对设备进行联调，记录数据、填写调试报告。

定额编号			JT2－11	JT2－12	JT2－13	JT2－14	JT2－15
项目			主站时钟屏	扩展时钟屏	卫星接收机	卫星接收天线、馈线布放调测	系统联调
单位			台	台	台	条	站
基价（元）			**2612.79**	**2179.15**	**309.36**	**151.51**	**1422.24**
其中	人工费（元）		285.00	171.00	132.50	96.60	1140.00
	材料费（元）		101.38	156.94	91.89	22.58	
	机械费（元）		2226.41	1851.21	84.97	32.33	282.24
名称		单位	数量				
人工	普通工	工日			0.5000	0.3000	
	安装技术工	工日	5.0000	3.0000	2.0000	1.5000	20.0000
计价材料	镀锌六角螺栓　综合	kg	0.2830	0.2830			
	软铜绞线　35mm^2	m	3.0000	5.0003	3.0000		
	铜接线端子　100A	个	4.0000	4.0000	4.0000		
	标签色带　(12～36)mm×8m	卷	0.3000	0.3000	0.0100	1.0000	
	脱脂棉	卷			0.0500	0.2000	

续表

定额编号			JT2-11	JT2-12	JT2-13	JT2-14	JT2-15
项目			主站时钟屏	扩展时钟屏	卫星接收机	卫星接收天线、馈线布放调测	系统联调
计价材料	其他材料费	元	2.0100	2.0100	0.2800	1.1200	
机械	载重汽车 5t	台班	0.1000	0.1000	0.1000	0.1000	
	数字存储示波器	台班	1.0000	0.8000			
	网络测试仪	台班					2.4000
	漂移测试仪	台班	1.8000	1.5000			
	GPS 时钟测试仪	台班	1.0000	0.8000	0.5000		
	功能检测分析平台（电脑）	台班	1.0000	1.0000	0.2000		

第3章 通信电源设备

说　　明

一、内容范围

本章包括蓄电池安装调测、蓄电池充电及容量试验、蓄电池在线监测设备安装调测、高频开关电源安装调测、高频开关电源系统调测、配电设备安装调测、配电设备系统调测、其他电源设备安装调测。

二、未包括的内容

1．电源设备电源电缆（线）的敷设，使用时套用本定额第 7 章“设备电缆”相关子目。

2．蓄电池柜基础槽钢，使用时套用《电网技术改造工程预算定额（2015 年版） 第二册　电气工程》相关子目。

3．蓄电池补充电及容量试验所用电量的电费。

三、工程量计算规则

1．蓄电池柜(架)安装以“架”为计量单位。

2．蓄电池安装调测、蓄电池补充电及容量试验、蓄电池在线监测设备以“组”为计量单位。

3．高频开关电源屏以“面”为计量单位。

4．高频开关整流模块以“块”为计量单位。

5．开关电源系统调测、配电系统自动性能调测以“系统”为计量单位。

6．开关电源远端监控配合、无人值守站内电源设备系统联测以“站”为计量单位。

7．配电屏、电源变换器、浪涌保护器以“台”为计量单位。

8．UPS 三相不停电电源以“套”为计量单位。

四、定额套用及调整

1．蓄电池柜定额子目是按成套配置取定的，不包括现场加工制作。如需现场加工制作，可另行计列加工制作所需要的工、料费用。

2．蓄电池选型为阀控式密封铅酸蓄电池，其他类型免维护蓄电池均使用此定额。

3．补充电定额子目是指电池因出厂运输、长时间放置造成电量损耗需补充充电。电池容量试验定额子目是指 1 次充电和 1 次放电所消耗的人工、机械定额。

4．1000Ah 以上大容量蓄电池采用并联方式安装的，并联部分套用相应子目乘系数 0.8 调整。

3.1 蓄电池安装调测

工作内容： 1. 蓄电池柜：开箱检查、清洁搬运、划线定位、安装固定、加固、补刷耐酸漆等。2. 蓄电池：开箱检查、清洁搬运、安装电池、调整水平、固定连线。

定额编号			JT3－1	JT3－2	JT3－3	JT3－4
项目			蓄电池柜	48V 阀控式密封铅酸蓄电池		
				300Ah 以下	500Ah 以下	1000Ah 以下
单位			架	组	组	组
基价（元）			**294.96**	**334.01**	**392.03**	**450.55**
其中	人工费（元）		107.10	198.00	255.00	312.00
	材料费（元）		155.53	6.71	7.73	9.25
	机械费（元）		32.33	129.30	129.30	129.30
名称		单位	数量			
人工	普通工	工日	1.2000	1.5000	1.5000	1.5000
	安装技术工	工日	1.1000	2.5000	3.5000	4.5000
计价材料	镀锌六角螺栓　综合	kg	0.2830			
	地脚螺栓　综合	kg	0.3990			
	软铜绞线　$35mm^2$	m	5.0000			
	铜接线端子　100A	个	4.0000			
	热塑管	m		0.5000	0.5000	0.5000
	凡士林	kg		0.5000	0.7000	1.0000

续表

定额编号			JT3-1	JT3-2	JT3-3	JT3-4
项目			蓄电池柜	48V 阀控式密封铅酸蓄电池		
				300Ah 以下	500Ah 以下	1000Ah 以下
计价材料	其他材料费	元	3.8200	0.0700	0.0800	0.0900
机械	载重汽车 5t	台班	0.1000	0.4000	0.4000	0.4000

3.2 蓄电池补充电及容量试验

工作内容：补充电、放电、测试记录、清洁整理。

定额编号			JT3－5	JT3－6
项目			阀控式密封铅酸蓄电池	
			补充电	容量试验
单位			组	组
基价（元）			**520.09**	**829.59**
其中	人工费（元）		427.50	513.00
	材料费（元）			
	机械费（元）		92.59	316.59
名称		单位	数量	
人工	安装技术工	工日	7.5000	9.0000
机械	蓄电池放电仪	台班		1.0000
	蓄电池特性容量监测仪	台班	1.0000	1.0000

3.3 蓄电池在线监测设备安装调测

工作内容： 开箱检查、清洁搬运、划线定位、安装固定、设备接地、通电检查、调整水平、固定连线、蓄电池性能调测等。

定额编号			JT3－7
项目			蓄电池在线监测设备
单位			组
基价（元）			**858.89**
其中	人工费（元）		550.00
	材料费（元）		105.57
	机械费（元）		203.32
名称		单位	数量
人工	普通工	工日	1.0000
	安装技术工	工日	9.0000
计价材料	镀锌六角螺栓　综合	kg	0.2830
	软铜绞线　35mm^2	m	3.0000
	铜接线端子　100A	个	2.0000
	热塑管	m	1.0000
	凡士林	kg	1.0000
	其他材料费	元	2.8400

续表

定 额 编 号			JT3－7
项 目			蓄电池在线监测设备
机械	载重汽车 5t	台班	0.1000
	蓄电池特性容量监测仪	台班	1.0000
	功能检测分析平台（电脑）	台班	2.0000

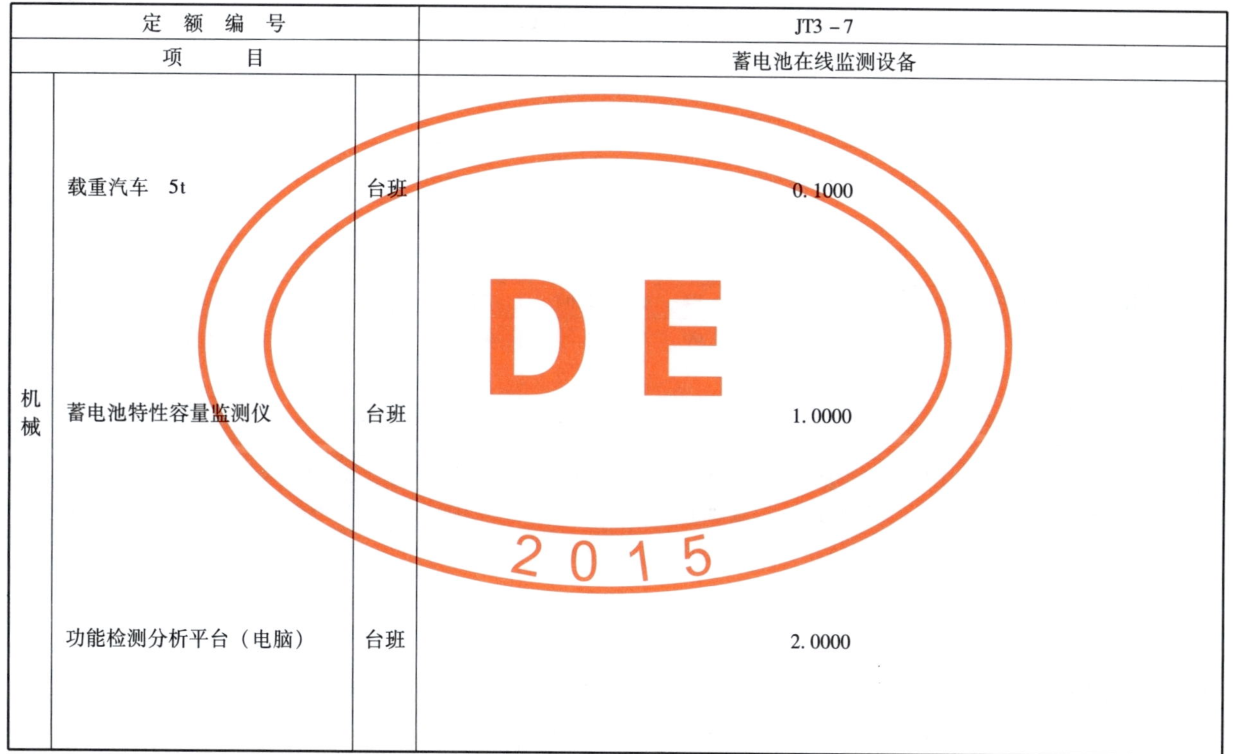

3.4 高频开关电源安装调测

工作内容：开箱检查、清洁搬运、划线定位、安装固定、设备接地、调整垂直/水平、安装附件、绝缘测试、通电前检查、单机主要电气性能指标调测等。

定额编号			JT3-8	JT3-9	JT3-10	JT3-11	JT3-12	JT3-13	JT3-14
项目			高频开关电源屏					高频开关整流模块	
			100A 以下	200A 以下	300A 以下	600A 以下	600A 以上	50A 以下	50A 以上
单位			面	面	面	面	面	块	块
基价（元）			**404.04**	**489.54**	**612.04**	**773.04**	**934.04**	**81.24**	**127.56**
其中	人工费（元）		236.50	322.00	444.50	605.50	766.50	34.20	57.00
	材料费（元）		167.54	167.54	167.54	167.54	167.54		
	机械费（元）							47.04	70.56
名称		单位	数量						
人工	普通工	工日	1.0000	1.0000	2.0000	2.5000	3.0000		
	安装技术工	工日	3.5000	5.0000	6.5000	9.0000	11.5000	0.6000	1.0000
计价材料	松香焊锡丝	kg	0.1000	0.1000	0.1000	0.1000	0.1000		
	镀锌六角螺栓 综合	kg	0.2830	0.2830	0.2830	0.2830	0.2830		
	软铜绞线 35mm²	m	5.0000	5.0000	5.0000	5.0000	5.0000		
	铜接线端子 100A	个	4.0000	4.0000	4.0000	4.0000	4.0000		
	热塑管	m	1.0000	1.0000	1.0000	1.0000	1.0000		

续表

定额编号			JT3－8	JT3－9	JT3－10	JT3－11	JT3－12	JT3－13	JT3－14
项目			高频开关电源屏					高频开关整流模块	
			100A 以下	200A 以下	300A 以下	600A 以下	600A 以上	50A 以下	50A 以上
计价材料	乙醇（酒精）工业用99.5%	kg	0.5000	0.5000	0.5000	0.5000	0.5000		
	其他材料费	元	5.2700	5.2700	5.2700	5.2700	5.2700		
机械	充电机特性测试仪	台班						0.2000	0.3000

3.5 高频开关电源系统调测

工作内容： 电池监视、电压分配、测量电池温度变化的补偿控制浮充电压，自动升压充电和升压充电持续时间的控制（电池状态监控功能、电池工作状态的检查，电池自动充电程序控制均衡充电），调试整流器、分配保险、线路故障监测及各种信号告警特性，电池放电电流控制，调试预防电池深放电选择杂音电压、手动工作性能、并机性能等。

定额编号			JT3－15	JT3－16
项目			开关电源系统调测	开关电源远端监控配合
单位			系统	站
基价（元）			**886.10**	**229.80**
其中	人工费（元）		313.50	171.00
	材料费（元）			
	机械费（元）		572.60	58.80
名称		单位	数量	
人工	安装技术工	工日	5.5000	3.0000
机械	充电机特性测试仪	台班	1.0000	
	直流标准源	台班	1.0000	
	功能检测分析平台（电脑）	台班	2.0000	1.5000

3.6 配电设备安装调测

工作内容： 开箱检查、清洁搬运、划线定位、安装固定、设备接地、调整垂直/水平、盘间连线、绝缘测试、检查盘内压降、测试调整。

定额编号			JT3－17	JT3－18
项目			配电屏	
			交流	直流
单位			台	台
基价（元）			**371.05**	**261.80**
其中	人工费（元）		132.50	143.90
	材料费（元）		173.90	53.25
	机械费（元）		64.65	64.65
名称		单位	数量	
人工	普通工	工日	0.5000	0.5000
	安装技术工	工日	2.0000	2.2000
计价材料	松香焊锡丝	kg	0.2000	0.2000
	镀锌六角螺栓　综合	kg	0.2830	0.2830
	软铜绞线　35mm²	m	5.0000	1.0000
	铜接线端子　100A	个	6.0000	4.0000
	热塑管	m	1.0000	0.6000

续表

定额编号			JT3－17	JT3－18
项目			配电屏	
			交流	直流
计价材料	乙醇（酒精） 工业用99.5%	kg	0.5000	0.5000
	其他材料费	元	5.4000	3.0300
机械	载重汽车 5t	台班	0.2000	0.2000

3.7 配电设备系统调测

工作内容：1. 配电系统自动性能调测。2. 人工倒换供电，监测、监控性能，自动装置调测。

定额编号			JT3－19	JT3－20
项目			配电系统自动性能调测	无人值守站内电源设备系统调测
单位			系统	站
基价（元）			**352.70**	**466.70**
其中	人工费（元）		313.50	427.50
	材料费（元）			
	机械费（元）		39.20	39.20
名称		单位	数量	
人工	安装技术工	工日	5.5000	7.5000
机械	功能检测分析平台（电脑）	台班	1.0000	1.0000

3.8 其他电源设备安装调测

工作内容：开箱检查、清洁搬运、划线定位、安装固定、设备接地、安装附件、测试调整等。

定额编号			JT3－21	JT3－22	JT3－23	JT3－24	JT3－25
项目			电源变换器	UPS 三相不停电电源	浪涌保护器		空气开关
				30kW 以下	电源	天馈线	63A 以下
单位			台	套	台	台	只
基价（元）			**325.74**	**553.74**	**92.73**	**29.81**	**26.31**
其中	人工费（元）		161.00	389.00	75.50	20.80	11.40
	材料费（元）		164.74	164.74	17.23	9.01	14.91
	机械费（元）						
名称		单位	数量				
人工	普通工	工日	0.5000	0.5000	0.5000	0.1000	
	安装技术工	工日	2.5000	6.5000	1.0000	0.3000	0.2000
计价材料	松香焊锡丝	kg	0.1000	0.1000			
	镀锌六角螺栓　综合	kg	0.2830	0.2830			
	软铜绞线　$35mm^2$	m	5.0000	5.0000			
	铜芯绝缘导线　$6mm^2$	m					2.8000
	铜接线端子　100A	个	6.0000	6.0000			
	尼龙扎带　$L=120mm$	根					6.0000

续表

定额编号			JT3-21	JT3-22	JT3-23	JT3-24	JT3-25
项目			电源变换器	UPS三相不停电电源	浪涌保护器		空气开关
				30kW以下	电源	天馈线	63A以下
计价材料	标签色带（12～36）mm×8m	卷	0.0380	0.0380	0.0380	0.0380	0.0380
	热塑管	m	0.4000	0.4000			
	白蜡	kg	0.1000	0.1000	4.0000	2.0000	0.5000
	其他材料费	元	5.1700	5.1700	0.3400	0.1800	0.4000

第4章 微波通信设备

说　　明

一、内容范围

本章包括抛物面天线安装（ϕ2m 以下）、抛物面天线安装（ϕ4m 以下）、馈线安装、分路系统安装调测、天馈线系统调测、微波设备安装调测、微波数字段调测、全电路调测。

二、未包括的内容

1．避雷装置安装，使用时套用《电网技术改造工程预算定额（2015 年版） 第二册　电气工程》相关子目。

2．铁构件制作安装，使用时套用《电网技术改造工程预算定额（2015 年版） 第二册　电气工程》相关子目。

3．设备之间电缆（线）敷设，使用时套用本定额第 7 章“设备电缆”相关子目。

三、工程量计算规则

1．抛物面天线安装、天线调测以“面”为计量单位。

2．椭圆馈线安装以“100m”为计量单位。

3．椭圆馈线头制作以“个”为计量单位。

4．分路系统以“系统”为计量单位。

5．馈线调测以“条”为计量单位。使用中不论馈线长度，均按本定额执行。

6．收发信机、直接放大器、调制解调机、波道倒换机、监控设备、被控设备、波导充气机以“套”

为计量单位。

7．分集接收机以“部”为计量单位。

8．数字公务以“盘”为计量单位。

9．微波中继段调测、数字段主通道调测、公务联络调测、监控调测两个上下话路站、配合数字终端调测/调制段、全电路主通道调测、全电路辅助通道调测以“段”为计量单位。

10．全电路集中监控性能调测、全电路稳定性能调测以“站”为计量单位。

四、定额套用及调整

1．微波天线安装（楼顶上）仅指楼顶平面，如在楼顶铁塔上安装应另增加对应的铁塔上安装定额。微波天线调测不管楼顶上是否有铁塔，调测定额只能使用一个子目。

2．微波馈线安装所消耗的机械台班已在抛物面天线的安装定额子目中综合考虑。

4.1 ϕ2m 以下抛物面天线安装

工作内容：天线和天线架的搬运、安装及吊装，天线安装就位，调整天线方位和俯仰角、补漆，吊装设备的安装、拆除。

定额编号			JT4－1	JT4－2	JT4－3	JT4－4	JT4－5	JT4－6
项目			楼顶上（m 以内）			铁塔上（m 以内）		
			30	60	100	30	60	100
单位			面	面	面	面	面	面
基价（元）			**2132.97**	**2543.12**	**3580.26**	**2822.00**	**3294.18**	**4108.34**
其中	人工费（元）		1667.00	2009.00	2978.00	2351.00	2750.00	3491.00
	材料费（元）		101.84	101.84	101.84	106.87	111.90	116.92
	机械费（元）		364.13	432.28	500.42	364.13	432.28	500.42
名称		单位	数量					
人工	普通工	工日	5.0000	5.0000	5.0000	5.0000	5.0000	5.0000
	安装技术工	工日	26.0000	32.0000	49.0000	38.0000	45.0000	58.0000
计价材料	镀锌铁丝 8号	kg	5.0000	5.0000	5.0000	5.0000	5.0000	5.0000
	冷涂锌漆	kg	2.0000	2.0000	2.0000	2.0000	2.0000	2.0000
	细纱白手套	副	6.0000	6.0000	6.0000	8.0000	10.0000	12.0000
	其他材料费	元	2.4400	2.4400	2.4400	2.5400	2.6400	2.7400

续表

定额编号			JT4－1	JT4－2	JT4－3	JT4－4	JT4－5	JT4－6
项目			楼顶上（m 以内）			铁塔上（m 以内）		
			30	60	100	30	60	100
机械	载重汽车　5t	台班	0.5000	0.6000	0.7000	0.5000	0.6000	0.7000
	交流电焊机　21kVA	台班	1.0000	1.0000	1.0000	1.0000	1.0000	1.0000
	机动绞磨　3t 以内	台班	1.0000	1.2500	1.5000	1.0000	1.2500	1.5000

4.2 φ4m 以下抛物面天线安装

工作内容：天线和天线架的搬运、安装及吊装，天线安装就位，调整天线方位和俯仰角、补漆，吊装设备的安装、拆除。

定额编号			JT4－7	JT4－8	JT4－9	JT4－10	JT4－11	JT4－12
项目			楼顶上（m 以内）			铁塔上（m 以内）		
			30	60	100	30	60	100
单位			面	面	面	面	面	面
基价（元）			**2882.12**	**3372.56**	**4433.45**	**3685.15**	**4408.61**	**5474.53**
其中	人工费（元）		2348.00	2764.00	3750.00	3146.00	3790.00	4776.00
	材料费（元）		101.84	108.14	114.89	106.87	118.19	129.97
	机械费（元）		432.28	500.42	568.56	432.28	500.42	568.56
名称		单位	数量					
人工	普通工	工日	8.0000	10.0000	12.0000	8.0000	10.0000	12.0000
	安装技术工	工日	36.0000	42.0000	58.0000	50.0000	60.0000	76.0000
计价材料	镀锌铁丝 8号	kg	5.0000	6.0000	7.0000	5.0000	6.0000	7.0000
	冷涂锌漆	kg	2.0000	2.0000	2.0000	2.0000	2.0000	2.0000
	细纱白手套	副	6.0000	6.0000	6.0000	8.0000	10.0000	12.0000
	其他材料费	元	2.4400	3.0200	4.0400	2.5400	3.2100	4.3400

续表

定额编号			JT4－7	JT4－8	JT4－9	JT4－10	JT4－11	JT4－12
项目			楼顶上（m以内）			铁塔上（m以内）		
			30	60	100	30	60	100
机械	载重汽车　5t	台班	0.6000	0.7000	0.8000	0.6000	0.7000	0.8000
	交流电焊机　21kVA	台班	1.0000	1.0000	1.0000	1.0000	1.0000	1.0000
	机动绞磨　3t以内	台班	1.2500	1.5000	1.7500	1.2500	1.5000	1.7500

4.3 馈线安装、分路系统安装调测

工作内容： 开盘检查，清洁搬运，丈量匹配，馈线调整固定，馈线接地，馈线头制作、组装和安装调测分路系统。

定额编号			JT4－13	JT4－14	JT4－15	JT4－16
项目			馈线		馈线头制作	分路系统
			楼房上	铁塔上		
单位			100m	100m	个	系统
基价（元）			**1624.00**	**3211.13**	**101.90**	**59.74**
其中	人工费（元）		1325.00	2844.00	28.50	57.00
	材料费（元）		43.89	78.42	55.48	2.74
	机械费（元）		255.11	288.71	17.92	
名称		单位	数量			
人工	普通工	工日	5.0000	6.0000		
	安装技术工	工日	20.0000	46.0000	0.5000	1.0000
计价材料	镀锌铁丝　8号	kg	2.0000	5.0000		
	铜编织带　$35mm^2$	m			0.5000	
	硫化橡胶	kg			0.1500	
	自粘性橡胶带　25mm×20m	卷	1.0000	1.0000	2.0000	
	塑料标识牌	个			1.0000	1.0000
	乙醇（酒精）　工业用99.5%	kg	0.1000	0.1000	0.5000	0.1000

续表

定额编号			JT4－13	JT4－14	JT4－15	JT4－16
项目			馈线		馈线头制作	分路系统
			楼房上	铁塔上		
计价材料	钢锯条　各种规格	根	1.0000	1.0000	1.0000	1.0000
	白纱带 20mm×20m	卷			2.0000	
	白棕绳 $\phi8$	kg	1.0000	2.0000		
	细纱白手套	副	4.0000	6.0000		
	医用纱布	卷			1.0000	
	其他材料费	元	0.8600	1.5400	2.2900	0.0500
机械	电动卷扬机（单筒慢速）30kN	台班	1.0000	1.0000		
	电力工程车	台班	0.4000	0.5000		
	数字万用表（数字式）	台班			1.0000	

4.4 天馈线系统调测

工作内容： 调测天线接收场强电平及天线驻波比、极化去耦，测试馈线损耗、驻波比，调测馈线系统极化去耦，数据记录，填写调试报告。

<table>
<tr><td colspan="3">定 额 编 号</td><td>JT4 - 17</td><td>JT4 - 18</td><td>JT4 - 19</td></tr>
<tr><td colspan="3" rowspan="2">项 目</td><td colspan="2">天线调测（φ4m 以下）</td><td rowspan="2">馈线调测</td></tr>
<tr><td>楼房上</td><td>铁塔上</td></tr>
<tr><td colspan="3">单 位</td><td>面</td><td>面</td><td>条</td></tr>
<tr><td colspan="3">基 价（元）</td><td>475.85</td><td>702.35</td><td>132.43</td></tr>
<tr><td rowspan="3">其中</td><td colspan="2">人 工 费（元）</td><td>285.00</td><td>427.50</td><td>85.50</td></tr>
<tr><td colspan="2">材 料 费（元）</td><td>4.93</td><td>4.93</td><td>4.93</td></tr>
<tr><td colspan="2">机 械 费（元）</td><td>185.92</td><td>269.92</td><td>42.00</td></tr>
<tr><td colspan="2">名 称</td><td>单位</td><td colspan="3">数 量</td></tr>
<tr><td>人工</td><td>安装技术工</td><td>工日</td><td>5.0000</td><td>7.5000</td><td>1.5000</td></tr>
<tr><td>计价材料</td><td>细纱白手套</td><td>副</td><td>2.0000</td><td>2.0000</td><td>2.0000</td></tr>
<tr><td rowspan="2">机械</td><td>天馈线测试仪</td><td>台班</td><td>1.0000</td><td>1.5000</td><td>0.2500</td></tr>
<tr><td>数字万用表（数字式）</td><td>台班</td><td>1.0000</td><td>1.0000</td><td></td></tr>
</table>

4.5 微波设备安装调测

工作内容：开箱检查、清洁搬运、核对预留孔洞、设备定位划线、安装设备、接地、通电检查、单机性能测试、数据记录、填写调试报告等。

定额编号			JT4 - 20	JT4 - 21	JT4 - 22	JT4 - 23
项目			收发信机	直接放大器	分集接收机	调制解调机
单位			套	套	部	套
基价（元）			**1101.22**	**1058.73**	**323.05**	**443.77**
其中	人工费（元）		473.00	672.50	85.50	199.50
	材料费（元）		125.65	117.74	1.23	1.23
	机械费（元）		502.57	268.49	236.32	243.04
名称		单位	数量			
人工	普通工	工日	2.0000	2.0000		
	安装技术工	工日	7.0000	10.5000	1.5000	3.5000
计价材料	松香焊锡丝	kg	0.1000	0.1000		
	镀锌六角螺栓　综合	kg	0.2830	0.2830		
	软铜绞线　35mm²	m	3.0000	3.0000		
	铜接线端子　100A	个	6.0000	2.0000		
	标签色带（12～36）mm×8m	卷	0.5000	0.5000		
	热塑管	m	1.0000	1.0000		
	乙醇（酒精）　工业用99.5%	kg	0.6000	0.6000	0.1000	0.1000

续表

定额编号			JT4－20	JT4－21	JT4－22	JT4－23
项目			收发信机	直接放大器	分集接收机	调制解调机
计价材料	脱脂棉	卷	0.1000	0.1000	0.1000	0.1000
	其他材料费	元	3.7700	3.6100	0.0200	0.0200
机械	载重汽车　5t	台班	0.2000	0.2000		
	数据分析仪（数据测试仪）	台班	0.3000			0.3000
	数字频率计（微波）	台班	0.3000	0.2000	0.2000	0.3000
	频谱分析仪	台班	0.3000		0.1500	
	微波功率计	台班	0.3000	0.2000		
	微波综合测试仪	台班	0.3000	0.2000	0.2000	0.2000
	数字万用表（数字式）	台班	1.0000	1.0000	1.0000	1.0000

定额编号			JT4-24	JT4-25	JT4-26	JT4-27	JT4-28
项目			波道倒换机	数字公务	监控设备	被控设备	波导充气机
单位			套	盘	套	套	套
基价（元）			**115.23**	**248.01**	**930.36**	**358.80**	**140.01**
其中	人工费（元）		114.00	85.50	615.50	142.50	74.10
	材料费（元）		1.23	1.23	117.74	117.74	65.91
	机械费（元）			161.28	197.12	98.56	
名称		单位	数量				
人工	普通工	工日			2.0000		
	安装技术工	工日	2.0000	1.5000	9.5000	2.5000	1.3000
计价材料	松香焊锡丝	kg			0.1000	0.1000	
	镀锌六角螺栓　综合	kg			0.2830	0.2830	0.1000
	软铜绞线　35mm^2	m			3.0000	3.0000	2.0000
	铜接线端子　100A	个			2.0000	2.0000	2.0000
	标签色带（12~36）mm×8m	卷			0.5000	0.5000	0.1000
	热塑管	m			1.0000	1.0000	
	乙醇（酒精）　工业用99.5%	kg	0.1000	0.1000	0.6000	0.6000	0.1000
	脱脂棉	卷	0.1000	0.1000	0.1000	0.1000	0.1000
	其他材料费	元	0.0200	0.0200	3.6100	3.6100	2.4600
机械	数据分析仪（数据测试仪）	台班		0.2000	0.2000	0.1000	
	微波综合测试仪	台班		0.2000	0.2000	0.1000	
	数字万用表（数字式）	台班			2.0000	1.0000	

4.6 微波数字段测试

工作内容：对测时延、幅频特性，用逐站环测的方法检查各中继段传输性能记录数据、填写调试报告。

定额编号			JT4－29	JT4－30	JT4－31	JT4－32	JT4－33
项目			微波中继段调测	数字段主通道调测	公务联络调测	监控调测两个上下话路站	配合数字终端调测/调制段
单位			段	段	段	段	段
基价（元）			**1564.68**	**1055.20**	**287.60**	**423.62**	**797.70**
其中	人工费（元）		513.00	456.00	114.00	142.50	142.50
	材料费（元）						
	机械费（元）		1051.68	599.20	173.60	281.12	655.20
名称		单位	数量				
人工	安装技术工	工日	9.0000	8.0000	2.0000	2.5000	2.5000
机械	数据分析仪（数据测试仪）	台班		0.4000		0.3000	0.5000
	数字频率计（微波）	台班	0.8000	0.4000			
	频谱分析仪	台班	0.8000	0.4000			0.5000
	微波功率计	台班	0.8000	0.4000			0.5000
	微波综合测试仪	台班	0.8000	0.4000	0.2000	0.3000	0.5000
	功能检测分析平台（电脑）	台班	1.0000	1.0000	1.0000	1.0000	1.0000

4.7 全电路测试

工作内容： 1. 全电路主通道测试：误码率及抖动等指标。2. 全电路辅助通道测试：直达公务信噪比调测等。3. 全电路集中监控性能检查与测试：主控站对各站遥信遥控告警等性能的测试。4. 全电路稳定性能测试。

定额编号			JT4－34	JT4－35	JT4－36	JT4－37	JT4－38
项目			全电路主通道调测	全电路辅助通道调测	全电路集中监控性能调测		全电路稳定性能调测
			两个终端站		主控站	次主控站	
单位			段	段	段	站	站
基价（元）			**1895.20**	**527.60**	**751.04**	**452.12**	**1457.40**
其中	人工费（元）		456.00	228.00	228.00	171.00	399.00
	材料费（元）						
	机械费（元）		1439.20	299.60	523.04	281.12	1058.40
名称		单位	数量				
人工	安装技术工	工日	8.0000	4.0000	4.0000	3.0000	7.0000
机械	数据分析仪（数据测试仪）	台班	1.0000	0.2000	0.6000	0.3000	0.7000
	数字频率计（微波）	台班	1.0000	0.2000			0.7000
	频谱分析仪	台班	1.0000	0.2000			0.7000
	微波功率计	台班	1.0000	0.2000			0.7000

续表

<table>
<tr><td colspan="3">定　额　编　号</td><td>JT4－34</td><td>JT4－35</td><td>JT4－36</td><td>JT4－37</td><td>JT4－38</td></tr>
<tr><td colspan="3" rowspan="2">项　　目</td><td>全电路主通道调测</td><td>全电路辅助通道调测</td><td colspan="2">全电路集中监控性能调测</td><td rowspan="2">全电路稳定性能调测</td></tr>
<tr><td colspan="2">两个终端站</td><td>主控站</td><td>次主控站</td></tr>
<tr><td rowspan="2">机械</td><td>微波综合测试仪</td><td>台班</td><td>1.0000</td><td>0.2000</td><td>0.6000</td><td>0.3000</td><td>0.7000</td></tr>
<tr><td>功能检测分析平台（电脑）</td><td>台班</td><td>1.0000</td><td>0.5000</td><td>1.0000</td><td>1.0000</td><td>2.0000</td></tr>
</table>

第5章 电力载波设备

说　　明

一、内容范围

本章包括电力载波设备安装调测、电力载波设备系统调测。

二、未包括的内容

1. 电力载波线路敷设，使用时套用《电网技术改造工程预算定额（2015 年版）第三册　输电线路工程》相关子目。

2. 阻波器、滤波器安装，使用时套用《电网技术改造工程预算定额（2015 年版）第二册　电气工程》相关子目。

三、工程量计算规则

1. 电力载波设备安装、高频差接网络设备安装以“台”为计量单位。

2. 电力载波设备联调、载波复用保护通道联调以“套”为计量单位。

四、定额套用及调整

与电力载波设备配套的载波高频通道加工设备安装套用《电网技术改造工程预算定额（2015 年版）电气工程》定额相关子目。

5.1 电力载波设备安装调测

工作内容：开箱检查、清洁搬运、划线定位、安装加固机架、接地、通电检查、单机性能测试、通道测试、设备联调、数据记录、填写调试报告。

定额编号			JT5－1	JT5－2
项目			电力载波设备	高频差接网络设备
单位			台	台
基价（元）			**968.14**	**280.13**
其中	人工费（元）		246.50	114.00
	材料费（元）		100.20	5.32
	机械费（元）		621.44	160.81
名称		单位	数量	
人工	普通工	工日	0.5000	
	安装技术工	工日	4.0000	2.0000
计价材料	松香焊锡丝	kg	0.1000	
	镀锌六角螺栓　综合	kg	0.2830	
	软铜绞线　$35mm^2$	m	3.0000	
	铜接线端子　100A	个	2.0000	
	标签色带（12～36）mm×8m	卷	0.0380	0.0380
	热塑管	m	0.2000	0.2000
	乙醇（酒精）　工业用99.5%	kg	0.5000	0.5000

续表

定 额 编 号			JT5－1	JT5－2
项 目			电力载波设备	高频差接网络设备
计价材料	其他材料费	元	3.1900	0.1000
机械	频率响应分析仪	台班	0.1000	
	高频电缆测试仪	台班	0.1000	0.3000
	选频电平表	台班	0.5000	0.3000
	选频振荡器	台班	0.5000	0.3000
	功能检测分析平台（电脑）	台班	1.5000	1.0000
	数字万用表（数字式）	台班	1.0000	1.0000

5.2 电力载波设备系统调测

工作内容：对通道进行测试、对设备进行联调、数据记录、填写调试报告。

定额编号			JT5－3	JT5－4
项目			电力载波设备联调	载波复用保护通道联调
单位			套	套
基价（元）			**1445.88**	**531.57**
其中	人工费（元）		456.00	114.00
	材料费（元）			
	机械费（元）		989.88	417.57
名称		单位	数量	
人工	安装技术工	工日	8.0000	2.0000
机械	频率响应分析仪	台班	0.1500	0.0800
	高频电缆测试仪	台班	0.2000	0.1000
	选频电平表	台班	0.5000	0.1000
	选频振荡器	台班	0.5000	0.1000
	阻波器、结合滤波器自动测试仪	台班	0.5000	0.1000
	功能检测分析平台（电脑）	台班	4.0000	1.0000

第6章 辅助设备

说　　明

一、内容范围

本章包括电缆槽道、走线架、设备底座安装，光（数字）配线架安装，音频配线架安装，分线设备安装。

二、未包括的内容

1．电缆槽道通过沉降缝、伸缩缝等需特殊处理所增加的费用。

2．电缆槽道支吊架制作安装，使用时套用《电网技术改造工程预算定额（2015 年版）　第二册　电气工程》相关子目。

3．凿槽刨沟、打穿墙洞。

三、工程量计算规则

1．电缆槽道、电缆走线架以“m”为计量单位。

2．机架、电源分配架、光分配整架、数字分配整架、网络分配整架、音频配线架以“架”为计量单位。

3．设备底座、电源切换装置是指双路直流输入、单路直流输出的切换装置，以“个”为计量单位。

4．制作安装设备机座、光缆交接箱、滑梯、保安单元、电缆交接配线箱、音频分线盒、高频分线盒、光分配架子架、数字分配架子架、网络分配架子架以“个”为计量单位。

5．测量台、业务台、辅助台以“台”为计量单位。滑梯、测量台、业务台、辅助台、总信号灯盘为大容量音频配线架配套辅助设备，是按成套配置取定的。

6. 总信号灯盘以“盘”为计量单位。

四、定额套用及调整

1. 电缆槽道定额子目不分主槽道、过桥、汇流、垂直、对墙槽道，均执行统一定额标准。

2. 无论传输、交换等设备机房，凡是单独有电源分配架的均执行本定额子目。

3. 配线架定额子目是按成套配置取定的，不包括机架。

4. 综合配线架可按配线容量大的套用其他配线架子目。

6.1 电缆槽道、走线架及其他安装

工作内容：开箱检查、清洁搬运、划线定位、组装、安装固定、打孔、接地等。

定额编号			JT6－1	JT6－2	JT6－3	JT6－4	JT6－5
项目			机架	电缆槽道	电缆走线架	电源切换装置	制作安装设备底座
单位			架	m	m	个	个
基价（元）			**265.91**	**29.50**	**23.80**	**57.81**	**79.21**
其中	人工费（元）		94.00	20.80	15.10	39.90	47.00
	材料费（元）		171.91	8.70	8.70	17.91	32.21
	机械费（元）						
名称		单位	数量				
人工	普通工	工日	1.0000	0.1000	0.1000		0.5000
	安装技术工	工日	1.0000	0.3000	0.2000	0.7000	0.5000
计价材料	角钢综合	kg					5.5000
	镀锌六角螺栓　综合	kg	0.0265				
	地脚螺栓　综合	kg	0.4500	0.2830	0.2830		0.2830
	软铜绞线　16mm²	m				1.0000	
	软铜绞线　35mm²	m	5.0000				
	铜接线端子　16mm²	个				2.0000	
	铜接线端子　100A	个	4.0000				

续表

定额编号			JT6－1	JT6－2	JT6－3	JT6－4	JT6－5
项目			机架	电缆槽道	电缆走线架	电源切换装置	制作安装设备底座
计价材料	标签色带（12～36）mm×8m	卷	0.1000	0.0380	0.0380	0.0380	
	热塑管	m	0.2200	0.1000	0.1000	0.1000	
	细纱白手套	副	4.0000	2.0000	2.0000		2.0000
	其他材料费	元	8.1900	0.1700	0.1700	0.8400	0.6300

6.2 光纤配线架安装

工作内容：开箱检查、清洁搬运、划线定位、安装固定、接地等。

定额编号			JT6－6	JT6－7	JT6－8
项目			光分配架		光缆交接箱
			整架	子架	
单位			架	个	个
基价（元）			**381.53**	**29.88**	**509.59**
其中	人工费（元）		188.00	17.10	350.50
	材料费（元）		161.20	12.78	159.09
	机械费（元）		32.33		
名称		单位	数量		
人工	普通工	工日	2.0000		1.0000
	安装技术工	工日	2.0000	0.3000	5.5000
计价材料	松香焊锡丝	kg	0.1000		0.2000
	镀锌六角螺栓　综合	kg	0.2830	0.0150	
	膨胀螺栓　M8	套			4.0000
	不锈钢螺丝　M5×12	个		4.0000	
	软铜绞线　16mm^2	m		0.5000	
	软铜绞线　35mm^2	m	5.0000		5.0000
	铜接线端子　16mm^2	个		2.0000	

续表

定额编号			JT6－6	JT6－7	JT6－8
项目			光分配架		光缆交接箱
			整架	子架	
计价材料	铜接线端子　100A	个	4.0000		2.0000
	自粘性橡胶带　25mm×20m	卷			0.6000
	乙醇（酒精）　工业用99.5%	kg	0.5000	0.0500	
	脱脂棉	卷	0.5000	0.0500	
	其他材料费	元	3.9300	0.2500	4.3900
机械	载重汽车　5t	台班	0.1000		

6.3 数字配线架安装

工作内容：开箱检查、清洁搬运、划线定位、安装固定、安装端子板、接地、调整清理等。

定额编号			JT6-9	JT6-10
项目			数字分配架	
			整架	子架
单位			架	个
基价（元）			**374.13**	**24.06**
其中	人工费（元）		180.60	11.40
	材料费（元）		161.20	12.66
	机械费（元）		32.33	
名称		单位	数量	
人工	普通工	工日	1.8000	
	安装技术工	工日	2.0000	0.2000
计价材料	松香焊锡丝	kg	0.1000	
	镀锌六角螺栓 综合	kg	0.2830	
	不锈钢螺丝 M5×12	个		4.0000
	软铜绞线 16mm²	m		0.5000
	软铜绞线 35mm²	m	5.0000	
	铜接线端子 16mm²	个		2.0000

续表

定额编号			JT6－9	JT6－10
项目			数字分配架	
			整架	子架
计价材料	铜接线端子　100A	个	4.0000	
	乙醇（酒精）　工业用 99.5%	kg	0.5000	0.0500
	脱脂棉	卷	0.5000	0.0500
	其他材料费	元	3.9300	0.2500
机械	载重汽车　5t	台班	0.1000	

6.4　网络配线架安装

工作内容：开箱检查、清洁搬运、固定箱体、箱内件组装、接地连线等。

定额编号			JT6－11	JT6－12
项目			网络分配架	
			整架	子架
单位			架	个
基价（元）			**370.43**	**22.92**
其中	人工费（元）		176.90	10.26
	材料费（元）		161.20	12.66
	机械费（元）		32.33	
名称		单位	数量	
人工	普通工	工日	1.7000	
	安装技术工	工日	2.0000	0.1800
计价材料	松香焊锡丝	kg	0.1000	
	镀锌六角螺栓　综合	kg	0.2830	
	不锈钢螺丝　M5×12	个		4.0000
	软铜绞线　16mm²	m		0.5000
	软铜绞线　35mm²	m	5.0000	
	铜接线端子　16mm²	个		2.0000
	铜接线端子　100A	个	4.0000	

续表

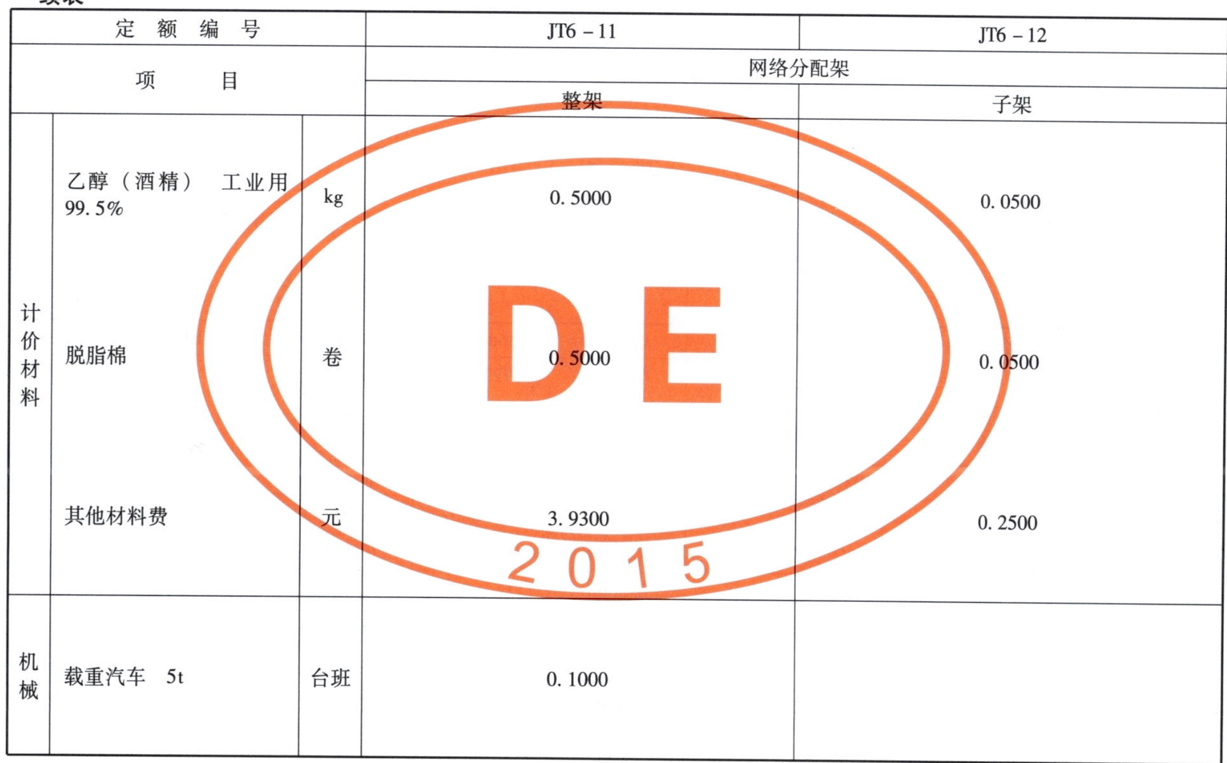

定额编号			JT6－11	JT6－12
项目			网络分配架	
			整架	子架
计价材料	乙醇（酒精） 工业用 99.5%	kg	0.5000	0.0500
	脱脂棉	卷	0.5000	0.0500
	其他材料费	元	3.9300	0.2500
机械	载重汽车 5t	台班	0.1000	

6.5 音频配线架安装

工作内容： 开箱检查、清洁搬运、划线定位、安装固定、安装端子板（模块）、安装告警信号装置、接地、调整清理等。

定额编号			JT6－13	JT6－14	JT6－15	JT6－16	JT6－17	JT6－18
项目			音频配线架			滑梯	测量台、业务台、辅助台	总信号灯盘
			模块（100 回线）	1000 回以下	1000 回以上			
单位			个	架	架	个	台	盘
基价（元）			**10.91**	**973.08**	**1604.79**	**53.20**	**165.81**	**17.35**
其中	人工费（元）		5.70	493.00	929.00	53.00	165.30	17.10
	材料费（元）		0.62	426.32	622.03	0.20	0.51	0.25
	机械费（元）		4.59	53.76	53.76			
名称		单位	数量					
人工	普通工	工日		1.0000	2.0000	0.2000		
	安装技术工	工日	0.1000	8.0000	15.0000	0.8000	2.9000	0.3000
计价材料	松香焊锡丝	kg		0.3000	0.3000			
	镀锌六角螺栓　综合	kg				0.0250		
	不锈钢螺丝　M5×12	个					4.0000	2.0000
	软铜绞线　35mm^2	m		5.0000	3.0000			
	铜接线端子　100A	个		4.0000	4.0000			

续表

定额编号			JT6－13	JT6－14	JT6－15	JT6－16	JT6－17	JT6－18
项目			音频配线架			滑梯	测量台、业务台、辅助台	总信号灯盘
			模块（100 回线）	1000 回以下	1000 回以上			
计价材料	热缩管	m		3.0000	5.0000			
	灯头信号灯卡口	只		2.0000	4.0000			
	三相照明开关	个		1.0000	2.0000			
	标签色带（12～36）mm×8m	卷		0.4000	0.4000			
	尼龙卡扣（100 支）	袋		1.0000	2.0000			
	乙醇（酒精） 工业用 99.5%	kg	0.0500	0.5000	0.5000			
	脱脂棉	卷	0.0500	0.5000	0.5000			
	其他材料费	元	0.0100	9.4300	13.8400		0.0200	
机械	电缆标牌机	台班	0.0300	0.4000	0.4000			
	对线器	台班	0.2000	2.0000	2.0000			

6.6 分线设备安装

工作内容：开箱检查、清洁搬运、划线定位、安装固定、安装端子板（模块）、接地、调整清理等。

定额编号			JT6－19	JT6－20	JT6－21	JT6－22	JT6－23
项目			保安单元		电缆交接配线箱		
			100 回线以下	200 回线以下	300 回线以下	600 回线以下	1000 回线以下
单位			个	个	个	个	个
基价（元）			**350.72**	**414.03**	**473.43**	**560.29**	**682.61**
其中	人工费（元）		171.00	228.00	293.50	367.60	475.60
	材料费（元）		179.72	186.03	157.53	159.09	162.21
	机械费（元）				22.40	33.60	44.80
名称		单位	数量				
人工	普通工	工日			1.0000	1.0000	1.3000
	安装技术工	工日	3.0000	4.0000	4.5000	5.8000	7.5000
计价材料	松香焊锡丝	kg	1.2000	1.4000	0.2000	0.2000	0.2000
	膨胀螺栓　M8	套	4.0000	4.0000	4.0000	4.0000	4.0000
	软铜绞线　35mm^2	m	5.0000	5.0000	5.0000	5.0000	5.0000
	铜接线端子　100A	个	2.0000	2.0000	2.0000	2.0000	2.0000
	自粘性橡胶带　25mm×20m	卷	0.2000	0.4000	0.4000	0.6000	1.0000
	热塑管	m	0.2000	0.2000	0.2000	0.2000	0.2000

续表

定额编号			JT6－19	JT6－20	JT6－21	JT6－22	JT6－23
项目			保安单元		电缆交接配线箱		
			100 回线以下	200 回线以下	300 回线以下	600 回线以下	1000 回线以下
计价材料	其他材料费	元	2. 9500	3. 0100	2. 7300	2. 7400	2. 7800
机械	对讲机	台班			1. 0000	1. 5000	2. 0000
	对线器	台班			1. 0000	1. 5000	2. 0000

定额编号			JT6－24	JT6－25	JT6－26	JT6－27
项目			音频分线盒			高频分线盒安装
			20 回线以下	50 回线以下	100 回线以下	
单位			个	个	个	个
基价（元）			**34.01**	**47.31**	**62.95**	**138.96**
其中	人工费（元）		28.50	39.90	51.30	85.50
	材料费（元）		4.39	5.17	6.05	53.46
	机械费（元）		1.12	2.24	5.60	
名称		单位	数量			
人工	安装技术工	工日	0.5000	0.7000	0.9000	1.5000
计价材料	松香焊锡丝	kg				2.0000
	膨胀螺栓 M8	套	4.0000	4.0000	4.0000	4.0000
	标签色带（12～36）mm×8m	卷	0.0100	0.0100	0.0150	0.0100
	自粘性橡胶带 25mm×20m	卷	0.2000	0.3000	0.4000	0.4000
	其他材料费	元	0.0400	0.0500	0.0600	0.5300
机械	对线器	台班	0.1000	0.2000	0.5000	

第7章 设备电缆

说　　明

一、内容范围

本章包括布放设备电缆、射频同轴电缆、电源电缆，布放电话、以太网线，音频配线架布放跳线、数字分配架布放跳线、放绑软光纤、射频同轴电缆头制作，编绑、焊（卡）接设备电缆。

二、未包括的内容

布放设备电缆不含设备内的布线。

三、工程量计算规则

1．布放设备电缆、布放同轴电缆、布放设备导线，布放电视、电话、以太网线，以“100m”为计量单位。

2．音频配线架布放跳线以“100 回线”为计量单位。

3．射频同轴电缆头制作以“个”为计量单位。

4．编绑、焊（卡）接设备电缆以“条”为计量单位。

四、定额套用及调整

1．编绑、焊（卡）接设备电缆定额子目是指编绑、焊（卡）接一条设备电缆的定额标准，包括电缆两端头制作、编绑。

2．音频配线架布放跳线定额子目塑料跳线数量是按一架 8 直列或 9 直列计算，跳线为未计价材料。

3．放绑软光纤是指放绑单芯或双芯软光纤，单位为“条”。定额工日是按长度 10m 取定的，如果长度与此不同，定额工日不得调整。

4. 数字分配架布放（改接）跳线以“100 条”为计量单位。带有“U”型接线的数字分配架不得使用本定额子目。

7.1 布放设备电缆

工作内容：放线、分线、绑扎、剥隔离皮、做头、对线、焊（卡）线、整理、试通等。

定额编号			JT7-1	JT7-2	JT7-3	JT7-4	JT7-5	JT7-6	JT7-7
项目			设备电缆	布放射频同轴电缆	布放电话、以太网线	射频同轴电缆头制作	音频配线架布放跳线	数字分配架布放跳线	放绑软光纤
单位			100m	100m	100m	个	100 回线	100 条	条
基价（元）			**112.40**	**156.02**	**122.77**	**13.72**	**91.83**	**291.98**	**29.72**
其中	人工费（元）		85.50	91.20	85.50	13.11	85.50	171.00	22.80
	材料费（元）		26.90	64.82	37.27	0.61	6.33	120.98	6.92
	机械费（元）								
名称		单位	数量						
人工	安装技术工	工日	1.5000	1.6000	1.5000	0.2300	1.5000	3.0000	0.4000
计价材料	松香焊锡丝	kg				0.0022			
	钢卡钉 2号	盒			0.5000				
	尼龙扎带 $L=120$mm	根	100.0000		100.0000		10.0000	10.0000	
	尼龙扎带 $L=200$mm	根		50.0000			10.0000	10.0000	5.0000
	标签色带 （12~36）mm×8m	卷	0.7500	0.7500	0.7500	0.0200		3.7500	0.0400
	网线连线水晶头	个			10.0000		5.0000		
	塑料软管 16mm^2	m							2.0000
	热塑管	m	0.2000	5.0000		0.0150			

续表

定额编号			JT7－1	JT7－2	JT7－3	JT7－4	JT7－5	JT7－6	JT7－7
项目			设备电缆	布放射频同轴电缆	布放电话、以太网线	射频同轴电缆头制作	音频配线架布放跳线	数字分配架布放跳线	放绑软光纤
计价材料	塑料标识牌	个	5.0000	5.0000					
	尼龙卡扣（100支）	袋			0.1000			2.0000	0.1000
	其他材料费	元	1.1900	0.6400	1.3000	0.0300	0.0600	2.3700	0.1400

<table>
<tr><td colspan="3">定　额　编　号</td><td>JT7－8</td><td>JT7－9</td><td>JT7－10</td><td>JT7－11</td><td>JT7－12</td><td>JT7－13</td></tr>
<tr><td colspan="3" rowspan="3">项　　目</td><td colspan="3">固定线缆</td><td colspan="3">电源电缆</td></tr>
<tr><td rowspan="2">32 芯以下</td><td rowspan="2">64 芯以下</td><td rowspan="2">128 芯以下</td><td colspan="3">截面积（mm²）</td></tr>
<tr><td>16</td><td>35</td><td>95</td></tr>
<tr><td colspan="3">单　　位</td><td>条</td><td>条</td><td>条</td><td>100m</td><td>100m</td><td>100m</td></tr>
<tr><td colspan="3">基　　价（元）</td><td>52.79</td><td>81.95</td><td>149.34</td><td>185.37</td><td>207.95</td><td>286.30</td></tr>
<tr><td rowspan="3">其中</td><td colspan="2">人　工　费（元）</td><td>22.80</td><td>28.50</td><td>45.60</td><td>94.00</td><td>108.10</td><td>162.62</td></tr>
<tr><td colspan="2">材　料　费（元）</td><td>29.99</td><td>53.45</td><td>103.74</td><td>81.90</td><td>87.96</td><td>111.79</td></tr>
<tr><td colspan="2">机　械　费（元）</td><td></td><td></td><td></td><td>9.47</td><td>11.89</td><td>11.89</td></tr>
<tr><td colspan="2">名　　称</td><td>单位</td><td colspan="6">数　　量</td></tr>
<tr><td rowspan="2">人工</td><td>普通工</td><td>工日</td><td></td><td></td><td></td><td>1.0000</td><td>1.1500</td><td>1.7300</td></tr>
<tr><td>安装技术工</td><td>工日</td><td>0.4000</td><td>0.5000</td><td>0.8000</td><td>1.0000</td><td>1.1500</td><td>1.7300</td></tr>
<tr><td rowspan="10">计价材料</td><td>松香焊锡丝</td><td>kg</td><td>0.0120</td><td>0.0210</td><td>0.0350</td><td></td><td></td><td></td></tr>
<tr><td>镀锌六角螺栓　综合</td><td>kg</td><td></td><td></td><td></td><td>1.4064</td><td>1.4064</td><td>1.4064</td></tr>
<tr><td>镀锌铁丝　8 号</td><td>kg</td><td></td><td></td><td></td><td>0.2940</td><td>0.3920</td><td>0.5880</td></tr>
<tr><td>电缆卡子　40mm²</td><td>个</td><td></td><td></td><td></td><td>24.5000</td><td>24.5000</td><td></td></tr>
<tr><td>电缆卡子　60mm²</td><td>个</td><td></td><td></td><td></td><td></td><td></td><td>24.5000</td></tr>
<tr><td>热收缩封头　1～4 号</td><td>只</td><td></td><td></td><td></td><td>4.9000</td><td>4.9000</td><td>4.9000</td></tr>
<tr><td>封铅</td><td>kg</td><td></td><td></td><td></td><td>0.7840</td><td>0.9996</td><td>1.5190</td></tr>
<tr><td>尼龙扎带　L＝120mm</td><td>根</td><td>10.0000</td><td>15.0000</td><td>20.0000</td><td></td><td></td><td></td></tr>
<tr><td>尼龙扎带　L＝200mm</td><td>根</td><td></td><td></td><td></td><td>20.0000</td><td>20.0000</td><td></td></tr>
<tr><td>尼龙扎带　L＝300mm</td><td>根</td><td></td><td></td><td></td><td></td><td></td><td>20.0000</td></tr>
</table>

续表

定额编号			JT7－8	JT7－9	JT7－10	JT7－11	JT7－12	JT7－13
项目			固定线缆			电源电缆		
			32 芯以下	64 芯以下	128 芯以下	截面积（mm^2）		
						16	35	95
计价材料	标签色带（12～36）mm×8m	卷	1.2380	2.3630	4.8000			
	自粘性橡胶带　25mm×20m	卷				0.1960	0.2940	0.3920
	热塑管	m	0.1000	0.1000	0.1000			
	塑料标识牌	个	2.0000	2.0000	2.0000	5.8800	5.8800	5.8800
	尼龙卡扣（100 支）	袋	0.1000	0.1000	0.1000			
	汽油	kg				0.4900	0.7350	0.8330
	尼龙绳　$\phi25$	kg				0.1490	0.1490	0.1490
	其他材料费	元	0.3000	0.5300	1.0300	1.2000	2.3700	3.2200
机械	汽车式起重机　16t	台班				0.0075	0.0075	0.0075
	载重汽车　5t	台班				0.0075	0.0150	0.0150

第8章 程控交换设备

说　明

一、内容范围

本章包括程控电话交换设备安装调测、程控电话交换设备系统联调、电力调度程控交换机安装调测、电力调度程控交换机系统联调、软交换设备安装调测、软交换设备系统调试。

二、未包括的内容

1. 设备电源电缆（线）敷设，使用时套用本定额第 7 章“设备电缆”相关子目。

2. 电源分配架安装，使用时套用本定额第 3 章“通信电源”相关子目。

三、工程量计算规则

1. 电话交换设备、电力调度程控交换机以“架”为计量单位。程控汇接设备执行程控电话交换设备定额子目，其软硬件测试执行中继线调试定额子目。

2. 维护终端、话务台、告警设备、电力调度台、核心软交换设备、综合网管设备、IAD 接入设备、应用服务设备、IP 话务台设备以“台”为计量单位。

3. 用户集线器（SLC）设备以“500 线 / 架”为计量单位，定额单位“线”是指门数。

4. 交换设备电路板以“块”为计量单位。

5. 程控交换机计费系统、电力调度录音装置、软交换网管设备以“套”为计量单位。

6. 用户线（市话）测试、增值服务调试以“千线”为计量单位，定额单位“千线”是指交换门数。

7. 电力调度程控交换机系统联调以“系统”为计量单位。

8．中继线调试以“千路端”为计量单位，包含了7信令、Q信令、环路中继的调试内容。

四、定额套用及调整

1．安装测试用户集线器设备的定额包括与电话交换设备间的线缆连接。

2．不论长途、市话程控交换设备均执行同一标准，但列内头、中、尾电源分配架安装时套用本定额第3章“通信电源”相关子目。

3．核心软交换设备包括关守、呼叫处理器、DHCP 服务器等，软交换系统中的路由器、交换机设备安装调测套用本册第11章数据网设备相关子目。

8.1 程控电话交换设备安装调测

工作内容：开箱检查、清洁搬运、划线定位、安装固定、安装机盘及电路板、接地、设备静态检查、通电、本机指标测试、软件安装、调试开通、清洁整理等。

定额编号			JT8－1	JT8－2	JT8－3	JT8－4	JT8－5
项目			电话交换设备	用户集线器（SLC）设备	交换设备板卡	程控交换机计费系统	维护终端、话务台、告警设备
单位			架	500线/架	块	套	台
基价（元）			**1544.73**	**1268.92**	**26.74**	**2241.29**	**215.58**
其中	人工费（元）		920.50	855.00	17.10	798.00	114.00
	材料费（元）		104.70	109.43	0.78	60.09	62.38
	机械费（元）		519.53	304.49	8.86	1383.20	39.20
名称		单位	数量				
人工	普通工	工日	1.0000				
	安装技术工	工日	15.5000	15.0000	0.3000	14.0000	2.0000
计价材料	松香焊锡丝	kg	0.1000			0.0500	0.0500
	镀锌六角螺栓 综合	kg	0.2830	0.2830			0.2830
	软铜绞线 35mm²	m	3.0000	3.0000		1.8000	1.8000
	铜接线端子 100A	个	6.0000	6.0000		3.0000	3.0000
	标签色带（12～36）mm×8m	卷	0.0380	0.5000	0.0380	0.0380	0.0380
	热塑管	m	0.1000			0.0500	0.0500

续表

定额编号			JT8－1	JT8－2	JT8－3	JT8－4	JT8－5
项目			电话交换设备	用户集线器（SLC）设备	交换设备板卡	程控交换机计费系统	维护终端、话务台、告警设备
计价材料	其他材料费	元	3.5500	2.1500	0.0200	1.9300	1.9700
机械	载重汽车 5t	台班	0.1000	0.1000			
	数据分析仪（数据测试仪）	台班	1.0000	0.8000		3.0000	
	信令测试分析仪	台班	1.0000	0.4000	0.0200	3.0000	
	功能检测分析平台（电脑）	台班	1.0000	1.0000	0.0200	1.0000	1.0000
	线路分析仪	台班			0.0200		

8.2　程控电话交换设备系统联调

工作内容：平台测试、通话测试、自环测试、中继测试、连通测试、数据记录、填写调试报告。

定额编号			JT8－6	JT8－7	JT8－8
项目			用户线调试	中继线调试	增值服务调试
				7信令、Q信令、环路中继	三方会议、呼叫等待等功能
单位			千线	千路端	千线
基价（元）			**2909.80**	**5563.96**	**1303.52**
其中	人工费（元）		513.00	1425.00	1140.00
	材料费（元）		6.72	6.72	6.72
	机械费（元）		2390.08	4132.24	156.80
名称		单位	数量		
人工	安装技术工	工日	9.0000	25.0000	20.0000
计价材料	复印纸（A4）	包	0.5000	0.5000	0.5000
机械	信令测试分析仪	台班	0.4000	0.7000	
	语音质量测试仪	台班	0.4000	0.7000	
	用户、中继模拟呼叫测试仪	台班	0.4000	0.7000	
	功能检测分析平台（电脑）	台班		1.0000	4.0000
	数字万用表（数字式）	台班	4.0000	2.0000	

8.3　电力调度程控交换机安装调测

工作内容：开箱检查、清洁搬运、划线定位、安装固定、插装机盘及电路板、接地、设备静态检查、通电、本机指标测试、清洁整理等。

定额编号			JT8-9	JT8-10	JT8-11	JT8-12	JT8-13	JT8-14	JT8-15
项目			电力调度程控交换机		电力调度台		扩装调度交换设备		电力调度录音装置
			128线以下	128线以上	128键以下	128键以上	公控板	用户板	
单位			架	架	台	台	块	块	套
基价（元）			**973.92**	**1765.20**	**319.73**	**468.55**	**99.56**	**136.92**	**351.09**
其中	人工费（元）		322.00	835.00	85.50	114.00	85.50	114.00	199.50
	材料费（元）		102.60	122.39	68.58	78.47	0.77	0.77	151.59
	机械费（元）		549.32	807.81	165.65	276.08	13.29	22.15	
名称		单位	数量						
人工	普通工	工日	1.0000	1.0000					
	安装技术工	工日	5.0000	14.0000	1.5000	2.0000	1.5000	2.0000	3.5000
计价材料	镀锌六角螺栓　综合	kg	0.2830	0.2830					0.2830
	软铜绞线　35mm²	m	3.0000	3.0000	2.0000	2.0000			5.0000
	铜接线端子　100A	个	4.0000	4.0000	4.0000	4.0000			2.0000
	标签色带　(12~36)mm×8m	卷	0.0760	0.0760			0.0380	0.0380	
	热塑管	m	0.6000	3.0000	0.3000	1.5000			0.8000
	乙醇（酒精）　工业用99.5%	kg	0.5000	0.5000	0.5000	0.5000			

续表

定额编号			JT8－9	JT8－10	JT8－11	JT8－12	JT8－13	JT8－14	JT8－15
项目			电力调度程控交换机		电力调度台		扩装调度交换设备		电力调度录音装置
			128线以下	128线以上	128键以下	128键以上	公控板	用户板	
机械	载重汽车 5t	台班	0.1000	0.1000					
	信令测试分析仪	台班					0.0300	0.0500	
	语音质量测试仪	台班	0.0800	0.1200	0.0300	0.0500			
	用户、中继模拟呼叫测试仪	台班	0.0800	0.1200	0.0300	0.0500			
	功能检测分析平台（电脑）	台班	2.0000	3.0000	0.0300	0.0500	0.0300	0.0500	
	线路分析仪	台班					0.0300	0.0500	

8.4 电力调度程控交换机系统联调

工作内容：设备软、硬件平台性能指标测试，建立运行方式数据库，与电网调度系统连通测试，数据记录，填写调试报告。

定额编号			JT8－16
项目			电力调度程控交换机系统联调
单位			系统
基价（元）			**1798.08**
其中	人工费（元）		570.00
	材料费（元）		2.80
	机械费（元）		1225.28
名称		单位	数量
人工	安装技术工	工日	10.0000
计价材料	乙醇（酒精） 工业用99.5%	kg	0.5000
机械	语音质量测试仪	台班	0.2000
	用户、中继模拟呼叫测试仪	台班	0.2000
	功能检测分析平台（电脑）	台班	1.0000
	数字万用表（数字式）	台班	5.0000

8.5 软交换设备安装调测

工作内容：开箱检查、清洁搬运、划线定位、安装固定、安装机板卡、接地、设备静态检查、通电、本机指标测试、清洁整理等。

定额编号			JT8－17	JT8－18	JT8－19	JT8－20	JT8－21	JT8－22
项目			核心软交换设备	综合网关设备	IAD 接入设备	应用服务设备	IP 话务台设备	软交换网管设备
单位			台	台	台	台	台	套
基价（元）			**504.96**	**484.18**	**370.18**	**540.28**	**314.36**	**369.28**
其中	人工费（元）		303.50	303.50	189.50	360.50	132.50	189.50
	材料费（元）		94.50	93.32	93.32	92.42	94.50	92.42
	机械费（元）		106.96	87.36	87.36	87.36	87.36	87.36
名称		单位	数量					
人工	普通工	工日	0.5000	0.5000	0.5000	0.5000	0.5000	0.5000
	安装技术工	工日	5.0000	5.0000	3.0000	6.0000	2.0000	3.0000
计价材料	松香焊锡丝	kg	0.0500				0.0500	
	软铜绞线 35mm^2	m	3.0000	3.0000	3.0000	3.0000	3.0000	3.0000
	铜接线端子 100A	个	4.0000	4.0000	4.0000	4.0000	4.0000	4.0000
	乙醇（酒精）工业用99.5%	kg	0.2000	0.2000	0.2000		0.2000	
	其他材料费	元	1.3400	1.3400	1.3400	1.3400	1.3400	1.3400

续表

定额编号			JT8－17	JT8－18	JT8－19	JT8－20	JT8－21	JT8－22
项目			核心软交换设备	综合网关设备	IAD 接入设备	应用服务设备	IP 话务台设备	软交换网管设备
机械	功能检测分析平台（电脑）	台班	2.5000	2.0000	2.0000	2.0000	2.0000	2.0000
	数字万用表（数字式）	台班	0.5000	0.5000	0.5000	0.5000	0.5000	0.5000

8.6 软交换设备系统调试

工作内容：软件安装，配置核心交换机、楼层交换机、网关及板卡等信息，中继测试，功能实现，测试，记录。

定额编号			JT8－23	JT8－24	JT8－25	JT8－26
项目			软交换计费系统	基础业务应用平台调试	增值业务应用平台调试	
					短信平台	Web 视频会议平台
单位			系统	系统	系统	系统
基价（元）			**2034.84**	**5765.42**	**2653.32**	**2881.32**
其中	人工费（元）		798.00	1824.00	684.00	912.00
	材料费（元）		2.60	7.98	2.60	2.60
	机械费（元）		1234.24	3933.44	1966.72	1966.72
名称		单位	数量			
人工	安装技术工	工日	14.0000	32.0000	12.0000	16.0000
计价材料	乙醇（酒精） 工业用99.5%	kg	0.0250	0.0250	0.0250	0.0250
	复印纸（A4）	包	0.1000	0.5000	0.1000	0.1000
	医用纱布	卷	0.5000	0.5000	0.5000	0.5000
机械	数据分析仪（数据测试仪）	台班	2.5000	8.0000	4.0000	4.0000
	信令测试分析仪	台班	2.5000	8.0000	4.0000	4.0000
	功能检测分析平台（电脑）	台班	2.0000	8.0000	4.0000	4.0000
	数字万用表（数字式）	台班	2.0000	2.0000	1.0000	1.0000

第9章　监控设备、安全防护设备

说　明

一、内容范围

本章包括采集设备安装调测、前端管理设备安装调测、视频监控管理设备安装调测、监控设备系统联调、显示装置安装调测、动力环境监控系统安装调测、输电线路监测装置安装调测、变电设备监测装置安装调测以及电子围栏、门禁系统安装调测。

二、未包括的内容

1．设备之间连接缆线的敷设，使用时套用本定额第 7 章“设备电缆”相关子目。

2．设备之间连接光缆的敷设，使用时套用本定额第 13 章“通信线路”相关子目。

三、工程量计算规则

1．摄像机、云台、照明灯、吹扫、冷却装置、漏水检测装置、前端管理设备、监控管理服务器、多画面分割器/合成器、录像机、动力环境监控设备、风能发电机、CAC 主机、读卡器、键盘、电磁锁、门禁控制器以“台”为计量单位。

2．告警、传感器、警号装置以“只”为计量单位。

3．显示装置以“块”为计量单位。

4．视频监控设备系统联调、动力监控远端接入联调、系统接入调试、入侵报警系统中心调试以“系统”为计量单位。

5．蓄电池以“组”为计量单位。

6．电源控制器、智能终端、主控制设备红外探测器以“套”为计量单位。

7．液晶显示器、太阳能板以“m^2”为计量单位。

8．数据采集器、集中器以“个”为计量单位。

9．输电线路监测装置的系统联调以“基”为计量单位。

10．监控设备机柜以“架”为计量单位。

11．站控层调试、入侵报警系统前端调试以“点”为计量单位。

12．围栏安装以“100m”为计量单位。

13．门禁系统联调以“控制点”为计量单位。

四、定额套用及调整

1．摄像机、云台定额子目均综合考虑了型号、安装方式，无特殊要求不得调整。

2．通信动力环境监控定额子目不包含采集设备的安装调测工作，使用时套用本章其他节相关子目。

3．门禁系统联调的控制点是指读卡器、键盘、电磁锁等。

4．数据采集器子目是指在铁塔、横担、导线、地线、绝缘子串、线夹等金具上安装数据采集器。

5．在铁塔上安装摄像机套用摄像机安装调测子目，按人工费乘系数 1.5 调整。

6．输电线路在线监测系统使用的蓄电池如需发生人工搬运的，套用《电网技术改造工程预算定额（2015 年版）　第三册　输电线路工程》相关子目。

9.1 采集设备安装调测

工作内容：开箱检查、清点设备、设备组装、检查基础、安装设备、接线、标记、通电检查、调测、清理现场。

定额编号			JT9－1	JT9－2	JT9－3	JT9－4	JT9－5	JT9－6	JT9－7	JT9－8
项目			摄像机		云台	照明灯	烟雾、门窗告警装置	温度、湿度传感器	吹扫装置、冷却装置	漏水检测装置
			室内	室外		含红外				
单位			台	台	台	台	只	只	台	台
基价（元）			**128.45**	**160.00**	**132.18**	**66.22**	**25.03**	**26.40**	**129.65**	**13.19**
其中	人工费（元）		64.40	85.20	110.00	53.00	11.40	11.40	100.32	11.40
	材料费（元）		12.08	12.08	4.26	4.26	13.63	12.84	7.97	
	机械费（元）		51.97	62.72	17.92	8.96		2.16	21.36	1.79
名称		单位	数量							
人工	普通工	工日	0.2000	0.3000	0.2000	0.2000				
	安装技术工	工日	1.0000	1.3000	1.8000	0.8000	0.2000	0.2000	1.7600	0.2000
计价材料	电焊条 J507 综合	kg							0.5000	
	镀锌六角螺栓 综合	kg	0.1000	0.1000	0.2830	0.2830	0.1000			
	精制六角带帽螺栓 M12×100以下	套							4.0000	
	管卡带膨胀螺栓	套					4.0000	4.0000		
	标签色带 (12～36)mm×8m	卷	0.5000	0.5000	0.1000	0.1000	0.1000	0.1000		

续表

定额编号			JT9－1	JT9－2	JT9－3	JT9－4	JT9－5	JT9－6	JT9－7	JT9－8
项目			摄像机		云台	照明灯	烟雾、门窗告警装置	温度、湿度传感器	吹扫装置、冷却装置	漏水检测装置
			室内	室外		含红外				
计价材料	乙炔气	m^3							0.0420	
	脱脂棉	卷	0.1000	0.1000						
	其他材料费	元	0.5600	0.5600			0.0700	0.0700		
机械	交流电焊机　21kVA	台班							0.3000	
	专用显示器	台班	0.5000	0.5000						
	高精度温湿表	台班						0.0100		
	数字万用表（数字式）	台班	0.4000	1.0000	1.0000	0.5000		0.1000	0.2000	0.1000

9.2 前端管理设备安装调测

工作内容： 开箱检查、设备初检、检查基础、安装设备、接线调整、通电检查、单机性能测试、试运行。

定额编号			JT9-9	JT9-10	JT9-11	JT9-12	JT9-13	JT9-14
项目			前端视频管理机			前端监视器		
			4路以下	16路以下	16路以上	14in以下	22in以下	22in以上
单位			台	台	台	台	台	台
基价（元）			**278.85**	**498.62**	**689.88**	**70.53**	**81.93**	**87.63**
其中	人工费（元）		85.50	199.50	285.00	57.00	68.40	74.10
	材料费（元）		132.39	132.39	132.39	13.53	13.53	13.53
	机械费（元）		60.96	166.73	272.49			
名称		单位	数量					
人工	安装技术工	工日	1.5000	3.5000	5.0000	1.0000	1.2000	1.3000
计价材料	镀锌六角螺栓　综合	kg	0.2830	0.2830	0.2830	0.2830	0.2830	0.2830
	软铜绞线　35mm²	m	4.0000	4.0000	4.0000			
	铜接线端子　100A	个	4.0000	4.0000	4.0000			
	标签色带（12～36）mm×8m	卷	0.5000	0.5000	0.5000	0.5000	0.5000	0.5000
	脱脂棉	卷	0.1000	0.1000	0.1000	0.1000	0.1000	0.1000
	其他材料费	元	0.5600	0.5600	0.5600	0.5600	0.5600	0.5600

续表

定额编号			JT9－9	JT9－10	JT9－11	JT9－12	JT9－13	JT9－14
项目			前端视频管理机			前端监视器		
			4路以下	16路以下	16路以上	14in以下	22in以下	22in以上
机械	载重汽车　5t	台班	0.0500	0.1000	0.1500			
	电视测试信号发生器	台班	1.0000	3.0000	5.0000			

9.3 视频监控主机安装调测

工作内容：开箱检查、清点设备、设备组装、接地、通电、调测、试运行。

定额编号			JT9-15	JT9-16	JT9-17	JT9-18	JT9-19
项目			监控管理服务器			多画面分割器/合成器（不含显示器）	
			64路以下	128路以下	128路以上	9画面以下	9画面以上
单位			台	台	台	台	台
基价（元）			**622.06**	**783.72**	**1141.26**	**86.66**	**129.25**
其中	人工费（元）		285.00	370.50	513.00	45.60	74.10
	材料费（元）		13.53	13.53	13.53	14.18	14.83
	机械费（元）		323.53	399.69	614.73	26.88	40.32
名称		单位	数量				
人工	安装技术工	工日	5.0000	6.5000	9.0000	0.8000	1.3000
计价材料	镀锌六角螺栓 综合	kg	0.2830	0.2830	0.2830	0.2830	0.2830
	标签色带 （12~36）mm×8m	卷	0.5000	0.5000	0.5000	0.5000	0.5000
	脱脂棉	卷	0.1000	0.1000	0.1000	0.2000	0.3000
	其他材料费	元	0.5600	0.5600	0.5600	0.5600	0.5600
机械	载重汽车 5t	台班	0.1000	0.1000	0.1000		
	专用显示器	台班	2.0000	2.6000	4.0000	0.2000	0.3000
	电视测试信号发生器	台班	2.5000	3.0000	5.0000	0.2000	0.3000

9.4 显示装置、记录设备安装调测

工作内容：开箱检查、设备初验、定位安装、通电检查、单机性能测试、试运行。

定额编号			JT9－20	JT9－21	JT9－22	JT9－23	JT9－24	JT9－25
项目			显示装置		磁带录像机	数字录像机		
			液晶拼接屏	液晶显示器（LED/LCD）		4路输入	8路输入	16路输入
单位			块	m^2	台	台	台	台
基价（元）			**547.93**	**217.06**	**49.43**	**160.59**	**319.39**	**478.19**
其中	人工费（元）		456.00	199.50	34.20	114.00	228.00	342.00
	材料费（元）		11.29	11.29				
	机械费（元）		80.64	6.27	15.23	46.59	91.39	136.19
名称		单位	数量					
人工	安装技术工	工日	8.0000	3.5000	0.6000	2.0000	4.0000	6.0000
计价材料	标签色带　(12～36)mm×8m	卷	0.5000	0.5000				
	脱脂棉	卷	0.1000	0.1000				
	其他材料费	元	0.5600	0.5600				
机械	电视测试信号发生器	台班	1.0000	0.1000	0.3000	1.0000	2.0000	3.0000
	数字万用表（数字式）	台班	2.0000	0.1000	0.1000	0.1000	0.1000	0.1000

9.5 视频监控设备系统联调

工作内容：通道测试、设备联调、数据记录、填写调试报告。

定额编号			JT9－26
项目			视频监控设备系统联调
单位			系统
基价（元）			**4247.60**
其中	人工费（元）		912.00
	材料费（元）		
	机械费（元）		3335.60
名称		单位	数量
人工	安装技术工	工日	16.0000
机械	变电站视频及环境监控测试分析系统	台班	1.5000
	图像质量分析仪	台班	1.5000
	专用显示器	台班	2.0000
	电视测试信号发生器	台班	1.0000
	数字万用表（数字式）	台班	5.0000

9.6 动力环境监控系统安装调测

工作内容： 1. 开箱检查、清点设备、设备组装、接地、通电、调测、试运行。2. 通道测试、设备联调、数据记录、填写调试报告。

定额编号			JT9－27	JT9－28	JT9－29
项目			动力监控主机	动力监控本地联调	动力监控远端接入联调
单位			台	站	系统
基价（元）			**753.01**	**3517.60**	**1759.60**
其中	人工费（元）		570.00	1596.00	570.00
	材料费（元）		104.61		
	机械费（元）		78.40	1921.60	1189.60
名称		单位	数量		
人工	安装技术工	工日	10.0000	28.0000	10.0000
计价材料	镀锌六角螺栓　综合	kg	0.2830		
	软铜绞线　$35mm^2$	m	3.0000		
	铜接线端子　100A	个	4.0000		
	标签色带　(12～36)mm×8m	卷	0.5000		
	其他材料费	元	1.2100		
机械	变电站视频及环境监控测试分析系统	台班		1.5000	1.0000
	功能检测分析平台（电脑）	台班	2.0000	8.0000	3.0000

9.7 输电线路监测装置安装调测

工作内容：开箱检查、清洁搬运、上塔安装固定、调整水平、固定连线、通电检查、单机性能测试、系统联调等。

定额编号			JT9-30	JT9-31	JT9-32	JT9-33	JT9-34	JT9-35	JT9-36	JT9-37
项目			安装调测蓄电池	安装调测电源控制器	安装调测太阳能板	风能发电机	数据采集器		数据集中器	系统联调
							导线	铁塔		
单位			组	套	m^2	台	个	个	个	基
基价（元）			**271.11**	**330.78**	**332.12**	**649.64**	**146.20**	**174.70**	**134.80**	**171.12**
其中	人工费（元）		151.00	265.00	208.00	416.00	96.60	125.10	85.20	114.00
	材料费（元）		8.89	15.53	2.24	43.59	12.08	12.08	12.08	
	机械费（元）		111.22	50.25	121.88	190.05	37.52	37.52	37.52	57.12
名称		单位	数量							
人工	普通工	工日	1.0000	1.0000	1.0000	2.0000	0.3000	0.3000	0.3000	
	安装技术工	工日	2.0000	4.0000	3.0000	6.0000	1.5000	2.0000	1.3000	2.0000
计价材料	镀锌六角螺栓 综合	kg	0.2830	0.2830	0.2830	0.3000	0.1000	0.1000	0.1000	
	标签色带 (12~36)mm×8m	卷					0.5000	0.5000	0.5000	
	热塑管	m	0.5000	1.0000		5.0000				
	凡士林	kg	0.5000	1.0000						
	脱脂棉	卷					0.1000	0.1000	0.1000	

续表

定额编号			JT9－30	JT9－31	JT9－32	JT9－33	JT9－34	JT9－35	JT9－36	JT9－37
项目			安装调测蓄电池	安装调测电源控制器	安装调测太阳能板	风能发电机	数据采集器		数据集中器	系统联调
							导线	铁塔		
计价材料	其他材料费	元					0.5600	0.5600	0.5600	
机械	载重汽车　5t	台班	0.2000	0.1000	0.1000	0.2000				
	机动绞磨　3t以内	台班	0.2000		0.5000	0.5000				
	功能检测分析平台（电脑）	台班					0.5000	0.5000	0.5000	1.0000
	数字万用表（数字式）	台班	1.0000	1.0000	1.0000	3.0000	1.0000	1.0000	1.0000	1.0000

9.8 变电设备监测装置安装调测

工作内容： 1. 开箱检查、清洁搬运、调整水平、固定连线、通电检查、端子牌安装、单机性能测试。

2. 站控层与间隔层的调试，全站系统与继电保护、电量计费、直流、站用电等系统的接口调试，监控系统与各级调度中心信息的联调，记录数据，填写调试报告。

定额编号			JT9-38	JT9-39	JT9-40	JT9-41	JT9-42	JT9-43
项目			信息采集监测装置	智能组件柜	CAC 主机	CAC 柜	站控层调试	系统接入调试
单位			套	套	台	架	点	系统
基价（元）			**1321.99**	**1765.77**	**785.56**	**489.92**	**288.56**	**1445.92**
其中	人工费（元）		151.00	359.00	222.41	206.45	136.80	798.00
	材料费（元）		756.67	956.91	420.91	265.55		
	机械费（元）		414.32	449.86	142.24	17.92	151.76	647.92
名称		单位	数量					
人工	普通工	工日	1.0000	2.0000	1.7900	1.7900		
	安装技术工	工日	2.0000	5.0000	2.7400	2.4600	2.4000	14.0000
计价材料	镀锌扁钢抱箍 —40×4	副		2.0000				
	镀锌六角螺栓 综合	kg		8.0000	8.0000	8.0000		
	精制六角带帽螺栓 M10×100 以下	套				48.0000		
	镀锌钢管接头零件 DN25	个	2.0000	4.0000				
	软铜绞线 35	m	5.0000	5.0000	5.0000	5.0000		

续表

定额编号			JT9－38	JT9－39	JT9－40	JT9－41	JT9－42	JT9－43
项目			信息采集监测装置	智能组件柜	CAC 主机	CAC 柜	站控层调试	系统接入调试
计价材料	铜芯橡皮绝缘线　500VBX－2.5mm²	m		1.0000	0.5000	0.5000		
	铜接线端子　10mm²	个	80.0000	60.0000	20.0000			
	铜接线端子　100A	个	8.0000	8.0000	4.0000	4.0000		
	热缩管	m	50.0000	20.0000	20.0000			
	绝缘胶带　20mm×40m	卷	16.0000	4.0000	8.0000			
	线号套管	m	100.0000	50.0000	50.0000			
	防火堵料无机　WFB（D）型	kg	20.0000	120.0000				
	防锈漆	kg	0.5000	2.0000				
	其他材料费	元	63.5600	26.1200	35.4800	23.1900		
机械	液压弯管机　D60	台班	0.1000	0.2000				
	氩弧电焊机　电流　400A	台班	0.1000	0.2000				
	自动圆盘切割机　$\phi194\sim\phi500$	台班	0.5000	0.5000				
	在线交流采样校验仪（不带发生源）	台班					0.1200	1.2000
	网络测试仪	台班					0.1800	2.0000
	光万用表（光源、光功率计、光纤在线测试）	台班	1.0000	0.2000	0.2000		0.1000	0.1000
	误码测试仪（2M）	台班		0.5000	0.5000			
	数据分析仪（数据测试仪）	台班		0.5000	0.5000			

续表

定 额 编 号			JT9－38	JT9－39	JT9－40	JT9－41	JT9－42	JT9－43
项 目			信息采集监测装置	智能组件柜	CAC 主机	CAC 柜	站控层调试	系统接入调试
机械	功能检测分析平台（电脑）	台班					2.0000	3.5000
	数字万用表（数字式）	台班	0.5000	1.0000	0.5000	1.0000	1.0000	3.0000

9.9 电子围栏安装调测

工作内容：1. 敷设电缆保护管和电源线，安装绝缘杆、绝缘子、围栏线、报警装置、警告牌、红外探测器、主机，接地极安装及测试等。2. 通电检查、整套系统联合调试。

定额编号			JT9－44	JT9－45	JT9－46	JT9－47	JT9－48	JT9－49
项目			主控制设备	终端（中间）绝缘杆	绝缘子	围栏线	警号装置	红外探测器
单位			套	根	串	100m	只	套
基价（元）			**533.16**	**60.09**	**10.82**	**69.08**	**37.58**	**64.91**
其中	人工费（元）		275.60	40.80	9.40	61.20	33.66	61.20
	材料费（元）		175.44	11.45	1.42	7.88	3.92	3.71
	机械费（元）		82.12	7.84				
名称		单位	数量					
人工	普通工	工日	1.0400	0.2400	0.1000	0.3600	0.1980	0.3600
	安装技术工	工日	4.1600	0.5600	0.1000	0.8400	0.4620	0.8400
计价材料	松香焊锡丝	kg					0.0300	0.0300
	焊锡膏	kg					0.0300	0.0300
	精制六角带帽螺栓 M8×14～75	套	4.0000					
	膨胀螺栓 M8	套	4.0000	4.0000				
	镀锌铁丝 8号	kg			0.2000			

续表

定额编号			JT9－44	JT9－45	JT9－46	JT9－47	JT9－48	JT9－49
项目			主控制设备	终端（中间）绝缘杆	绝缘子	围栏线	警号装置	红外探测器
计价材料	软铜绞线　95mm^2	m	3.0000					
	自粘性橡胶带　25mm×20m	卷	1.0000			1.0000	0.3000	0.3000
	塑料软管5	m	4.0000				0.3000	0.0500
	汽油	kg			0.0300			
	冲击钻头 $\phi 8$	支	1.0000	1.0000				
	白布	m^2	0.3600				0.0900	0.1000
	记号笔	支		1.0000				
	其他材料费	元	5.7300	0.2200	0.0300	0.1500	0.1600	0.0700
机械	载重汽车　5t	台班	0.2000					
	冲击钻	台班	0.2000	0.1000				
	数字万用表（数字式）	台班	0.1000					

定 额 编 号			JT9－50
项 目			入侵报警系统调试
单 位			系统
基 价（元）			**1520.80**
其中	人 工 费（元）		1140.00
	材 料 费（元）		
	机 械 费（元）		380.80
名 称		单位	数 量
人工	安装技术工	工日	20.0000
机械	专用显示器	台班	4.0000
	对讲机	台班	2.0000

9.10 门禁系统安装调测

工作内容：开箱检查、设备初验、安装设备、通电检查、单机性能测试、系统联调、数据记录、填写调试报告。

定额编号			JT9-51	JT9-52	JT9-53	JT9-54	JT9-55	JT9-56	JT9-57
项目			读卡器	键盘	电磁锁	门禁控制器			门禁系统联调
						4门以下	8门以下	16门以下	
单位			台	台	台	台	台	台	控制点
基价（元）			**81.16**	**62.27**	**141.75**	**202.71**	**342.47**	**568.48**	**54.46**
其中	人工费（元）		75.50	58.40	132.50	189.50	322.00	530.00	39.90
	材料费（元）		2.08	2.08	2.08	2.46	2.55	2.64	
	机械费（元）		3.58	1.79	7.17	10.75	17.92	35.84	14.56
名称		单位	数量						
人工	普通工	工日	0.5000	0.5000	0.5000	0.5000	1.0000	2.0000	
	安装技术工	工日	1.0000	0.7000	2.0000	3.0000	5.0000	8.0000	0.7000
计价材料	膨胀螺栓 M6	套	4.0000	4.0000	4.0000	4.0000	4.0000	4.0000	
	乙醇（酒精） 工业用99.5%	kg				0.0200	0.0250	0.0300	
	脱脂棉	卷				0.0400	0.0500	0.0600	
	其他材料费	元	0.0200	0.0200	0.0200	0.0200	0.0300	0.0300	
机械	对讲机	台班							0.5000
	数字万用表（数字式）	台班	0.2000	0.1000	0.4000	0.6000	1.0000	2.0000	0.5000

第10章 会议电话、会议电视设备

说　明

一、内容范围

本章包括会议电话设备安装调测、会议电话汇接机系统联调、会议电视设备安装调测、会议电视视频终端联网试验、会议电视系统联网调试。

二、未包括的内容

1．会议电话、电视设备安装未包括设备间电缆及导线布放，使用时套用本定额第 7 章“设备电缆”相关子目。

2．摄像机安装，使用时套用本定额第 9 章“监控设备、安全防护设备”相关子目。

三、工程量计算规则

1．会议电话汇接机以“架”为计量单位。

2．会议电话终端机以“套”为计量单位。

3．会议电话扩音装置以“部”为计量单位。

4．会议电话汇接机系统联调、会议电视系统联网调试以“系统”为计量单位。

5．会议电视终端机、多点控制器、视频矩阵、音频矩阵、编解码器、网管以“台”为计量单位。

6．会议电视视频终端联网试验以“端”为计量单位。

7．业务功能检查、指标检查、稳定性测试以“站”为计量单位。

四、定额套用及调整

1．会议电视系统联网调试 20 个站以下使用一级级联子目，20 个站以上使用二级级联子目。

2．业务功能检查、指标检查、稳定性测试子目只在主站套用，一个系统只套用一次。对原有系统扩容、增加新会场，仍应在主站套用上述子目。

10.1 会议电话设备安装调测

工作内容： 开箱检查、清点设备、设备组装、接地、通电检查、单机性能测试、通路试验、终端机与汇接机对测、开通试验调测。

定额编号			JT10－1	JT10－2	JT10－3	JT10－4
项目			会议电话汇接机		会议电话终端机	会议电话扩音装置
			48 路以下	48 路以上		
单位			架	架	套	部
基价（元）			**293.89**	**379.39**	**28.70**	**102.62**
其中	人工费（元）		212.30	297.80	28.50	57.00
	材料费（元）		49.26	49.26	0.20	45.62
	机械费（元）		32.33	32.33		
名称		单位	数量			
人工	普通工	工日	0.5000	0.5000		
	安装技术工	工日	3.4000	4.9000	0.5000	1.0000
计价材料	松香焊锡丝	kg	0.1000	0.1000		0.1000
	软铜绞线　35mm^2	m	1.3000	1.3000		1.2000
	铜接线端子　100A	个	2.0000	2.0000		2.0000
	标签色带　(12～36)mm×8m	卷	0.0380	0.0380	0.0100	0.0380
	热塑管	m	0.2000	0.2000		0.1000
	乙醇（酒精）　工业用99.5%	kg	0.5000	0.5000		0.5000

续表

定额编号			JT10－1	JT10－2	JT10－3	JT10－4
项目			会议电话汇接机		会议电话终端机	会议电话扩音装置
			48 路以下	48 路以上		
计价材料	其他材料费	元	1.7100	1.7100		1.6700
机械	载重汽车　5t	台班	0.1000	0.1000		

10.2 会议电话汇接机系统联调

工作内容：通道测试、设备联调、数据记录、填写调试报告。

定额编号			JT10－5	JT10－6
项目			会议电话汇接机系统联调	
			48 路以下	48 路以上
单位			系统	系统
基价（元）			**1458.08**	**2246.08**
其中	人工费（元）		342.00	570.00
	材料费（元）			
	机械费（元）		1116.08	1676.08
名称		单位	数量	
人工	安装技术工	工日	6.0000	10.0000
机械	语音质量测试仪	台班	0.2000	0.3000
	用户、中继模拟呼叫测试仪	台班	0.2000	0.3000
	功能检测分析平台（电脑）	台班	0.5000	0.8000

10.3 会议电视设备安装调测

工作内容：开箱检查、清点设备、设备组装、接地、装配调测机盘及附件、通电检查、单机性能测试。

定额编号				JT10－7	JT10－8	JT10－9	JT10－10	JT10－11	JT10－12	JT10－13	JT10－14
项目				会议电视终端机		多点控制器		视频矩阵	音频矩阵	编解码器	网管
				主会场	分会场	24端口以下	24端口以上				
单位				台	台	台	台	台	台	台	台
基价（元）				**582.38**	**389.18**	**378.76**	**584.39**	**507.13**	**276.44**	**122.54**	**2662.48**
其中	人工费（元）			279.30	193.80	256.50	393.30	342.00	239.40	85.50	2451.00
	材料费（元）			11.29	11.29	42.89	88.20	5.68	5.68	5.68	5.68
	机械费（元）			291.79	184.09	79.37	102.89	159.45	31.36	31.36	205.80
名称			单位	数量							
人工	安装技术工		工日	4.9000	3.4000	4.5000	6.9000	6.0000	4.2000	1.5000	43.0000
计价材料	软铜绞线　35mm²		m			1.2000	2.5000				
	铜接线端子　100A		个			2.0000	4.0000				
	标签色带　(12～36)mm×8m		卷	0.5000	0.5000	0.2500	0.5000	0.2500	0.2500	0.2500	0.2500
	棉纱头		kg			0.0500	0.0500	0.0500	0.0500	0.0500	0.0500
	脱脂棉		卷	0.1000	0.1000						
	其他材料费		元	0.5600	0.5600	0.2800	0.5600	0.2800	0.2800	0.2800	0.2800

续表

定额编号			JT10－7	JT10－8	JT10－9	JT10－10	JT10－11	JT10－12	JT10－13	JT10－14
项目			会议电视终端机		多点控制器		视频矩阵	音频矩阵	编解码器	网管
			主会场	分会场	24端口以下	24端口以上				
机械	载重汽车 5t	台班	0.1000	0.1000	0.1000	0.1000	0.1000			
	图像质量分析仪	台班	0.1000	0.0650						
	网络测试仪	台班	0.5000	0.2600	0.4000	0.6000				0.2500
	数据分析仪（数据测试仪）	台班	0.5000	0.3000						
	电视测试信号发生器	台班					2.4000			
	功能检测分析平台（电脑）	台班	1.0000	0.5000			0.5000	0.8000	0.8000	4.5000

10.4 会议电视视频终端联网试验

工作内容：终端联网试验、视通试验。

定额编号			JT10－15
项目			会议电视视频终端联网试验
单位			端
基价（元）			**345.47**
其中	人工费（元）		199.50
	材料费（元）		
	机械费（元）		145.97
名称		单位	数量
人工	安装技术工	工日	3.5000
机械	图像质量分析仪	台班	0.0500
	网络测试仪	台班	0.0500
	数据分析仪（数据测试仪）	台班	0.4000
	功能检测分析平台（电脑）	台班	1.0000

10.5　会议电视系统联网调试

工作内容：本机及联网后软件与硬件调试及功能检查、数据记录、填写调试报告。

定额编号			JT10－16	JT10－17	JT10－18	JT10－19	JT10－20
项目			会议电视系统联网调试		业务功能检查	指标检查	稳定性测试
			一级级联	二级级联			
单位			系统	系统	站	站	站
基价（元）			**2635.02**	**3963.74**	**1190.26**	**358.06**	**1575.16**
其中	人工费（元）		832.20	1259.70	1111.50	279.30	1026.00
	材料费（元）		0.36	0.36	0.36	0.36	0.36
	机械费（元）		1802.46	2703.68	78.40	78.40	548.80
名称		单位	数量				
人工	安装技术工	工日	14.6000	22.1000	19.5000	4.9000	18.0000
计价材料	棉纱头	kg	0.0500	0.0500	0.0500	0.0500	0.0500
机械	图像质量分析仪	台班	0.8000	1.2000			
	网络测试仪	台班	6.0000	9.0000			4.0000
	数据分析仪（数据测试仪）	台班	0.8000	1.2000			
	功能检测分析平台（电脑）	台班	6.0000	9.0000	2.0000	2.0000	2.0000

第11章 数据网通信设备

说　　明

一、内容范围

本章包括路由器安装调测、交换机安装调测、宽带接入设备安装调测、服务器设备安装调测、网络安全设备安装调测、数据存储设备安装调测、网络系统调试。

二、未包括的内容

设备之间连接缆线敷设，使用时套用本定额第 7 章“设备电缆”相关子目。

三、工程量计算规则

1. 路由器、局域网交换机、接入复用设备（DSLAM）、宽带接入服务器（BAS）、无线局域网接入点（AP）设备、服务器、网络安全设备、数据存储设备以“台”为计量单位。

2. 路由器接口板、局域网交换机接口板、接入复用设备（DSLAM）板卡、宽带接入服务器（BAS）接口板以“块”为计量单位。

四、定额套用及调整

1. 磁盘阵列 12 块以上套用每增加 5 块子目，不足 5 块按 5 块计列。

2. 磁带库 1000 盒以上套用每增加 50 盘子目，不足 50 盘按 50 盘计列。

五、其他说明

1. 路由器按所处网络位置可分为三类：①接入层路由器，位于网络的边缘，负责将流量馈入网络，执行网络访问控制，并且提供其他边缘服务；②汇聚层路由器，位于网络的中间，负责聚和网络路由，并且收敛数据流量；③核心层路由器，位于网络的核心，具有完整的路由信息，负责高速地运送数据流量。

2．二层网络交换机定义为低端网络交换机，48 口以下的三层网络交换机定义为中端网络交换机，48 口以上的三层网络交换机定义为高端网络交换机。

3．服务器可分为三类：①低端服务器，采用 Windows 操作系统的 PC 服务器；②中端服务器，采用 Linux 操作系统的 PC 服务器；③高端服务器，采用 Unix 操作系统的服务器。

11.1 路由器安装调测

工作内容： 开箱检查，清洁搬运，定位安装机柜、机箱，接地，装配接口板，接口检查，接口正确性测试，硬件加电自检等。

定额编号			JT11－1	JT11－2	JT11－3	JT11－4	JT11－5	JT11－6
项目			路由器			路由器接口板		
			接入层	汇聚层	核心层	接入层	汇聚层	核心层
单位			台	台	台	块	块	块
基价（元）			**1821.41**	**3216.63**	**4554.21**	**36.23**	**40.15**	**53.51**
其中	人工费（元）		855.00	1795.50	2451.00	17.10	17.10	28.50
	材料费（元）		157.92	157.92	157.92	11.29	11.29	11.29
	机械费（元）		808.49	1263.21	1945.29	7.84	11.76	13.72
名称		单位	数量					
人工	安装技术工	工日	15.0000	31.5000	43.0000	0.3000	0.3000	0.5000
计价材料	软铜绞线 $35mm^2$	m	5.0000	5.0000	5.0000			
	铜接线端子 100A	个	4.0000	4.0000	4.0000			
	标签色带 (12～36)mm×8m	卷	0.5000	0.5000	0.5000	0.5000	0.5000	0.5000
	脱脂棉	卷	0.1000	0.1000	0.1000	0.1000	0.1000	0.1000
	其他材料费	元	0.5600	0.5600	0.5600	0.5600	0.5600	0.5600

续表

定额编号			JT11-1	JT11-2	JT11-3	JT11-4	JT11-5	JT11-6
项目			路由器			路由器接口板		
			接入层	汇聚层	核心层	接入层	汇聚层	核心层
机械	载重汽车　5t	台班	0.1000	0.1000	0.1000			
	网络测试仪	台班	5.6000	8.8000	13.6000			
	功能检测分析平台（电脑）	台班	3.0000	5.0000	8.0000	0.2000	0.3000	0.3500

11.2 交换机安装调测

工作内容：开箱检查，清洁搬运，定位安装机柜、机箱，接地，装配接口板，接口检查，接口正确性测试，硬件加电自检等。

定额编号			JT11－7	JT11－8	JT11－9	JT11－10	JT11－11
项目			网络交换机				光纤交换机
			低端	中端	高端	接口板	
单位			台	台	台	块	台
基价（元）			**632.77**	**883.23**	**1104.85**	**44.90**	**416.52**
其中	人工费（元）		285.00	393.30	513.00	28.50	285.00
	材料费（元）		76.81	160.17	160.17	4.64	76.16
	机械费（元）		270.96	329.76	431.68	11.76	55.36
名称		单位	数量				
人工	安装技术工	工日	5.0000	6.9000	9.0000	0.5000	5.0000
计价材料	镀锌六角螺栓　综合	kg	0.2800	0.2830	0.2830		0.2800
	软铜绞线　35mm^2	m	2.0000	5.0000	5.0000		2.0000
	铜接线端子　100A	个	4.0000	4.0000	4.0000		4.0000
	标签色带　(12～36)mm×8m	卷	0.5000	0.5000	0.5000	0.2000	0.5000
	乙醇（酒精）　工业用99.5%	kg	0.1000	0.1000	0.1000	0.0500	0.1000
	脱脂棉	卷	0.1000	0.1000	0.1000	0.0500	

续表

定额编号			JT11－7	JT11－8	JT11－9	JT11－10	JT11－11
项目			网络交换机				光纤交换机
			低端	中端	高端	接口板	
机械	载重汽车 5t	台班	0.0500	0.0500	0.0500		0.0500
	网络测试仪	台班	2.0000	2.4000	3.2000		
	功能检测分析平台（电脑）	台班	0.5000	0.8000	1.0000	0.3000	1.0000

11.3 宽带接入设备安装调测

工作内容： 1. 安装：开箱检查、清洁搬运、定位安装、接地、通电检查、互连、接口检查等。2. 测试：单机测试、设备性能测试、系统性能测试等。

定额编号			JT11－12	JT11－13	JT11－14	JT11－15	JT11－16
项目			接入复用设备（DSLAM）	接入复用设备（DSLAM）接口板	宽带接入服务器（BAS）	宽带接入服务器（BAS）接口板	无线局域网接入点（AP）设备
单位			台	块	台	块	台
基价（元）			**258.40**	**28.39**	**1245.64**	**31.24**	**375.83**
其中	人工费（元）		109.70	17.10	873.50	19.95	108.30
	材料费（元）		104.61	11.29	104.61	11.29	
	机械费（元）		44.09		267.53		267.53
名称		单位	数量				
人工	普通工	工日	0.5000		0.5000		
	安装技术工	工日	1.6000	0.3000	15.0000	0.3500	1.9000
计价材料	镀锌六角螺栓　综合	kg	0.2830		0.2830		
	软铜绞线　35mm²	m	3.0000		3.0000		
	铜接线端子　100A	个	4.0000		4.0000		
	标签色带　(12～36)mm×8m	卷	0.5000	0.5000	0.5000	0.5000	
	脱脂棉	卷	0.1000	0.1000	0.1000	0.1000	

续表

定额编号			JT11－12	JT11－13	JT11－14	JT11－15	JT11－16
项目			接入复用设备（DSLAM）	接入复用设备（DSLAM） 接口板	宽带接入服务器（BAS）	宽带接入服务器（BAS） 接口板	无线局域网接入点（AP）设备
计价材料	其他材料费	元	0.5600	0.5600	0.5600	0.5600	
机械	载重汽车　5t	台班	0.1000		0.1000		0.1000
	网络测试仪	台班	0.1000		2.0000		2.0000

11.4 服务器安装调测

工作内容： 1. 安装：开箱检查，清洁搬运，定位安装机柜、机箱，接地，通电检查，装配接口板等。
2. 调测：硬件系统调试、综合调测。

定额编号			JT11－17	JT11－18	JT11－19
项目			服务器		
			低端	中端	高端
单位			台	台	台
基价（元）			**718.10**	**1417.14**	**2005.76**
其中	人工费（元）		364.80	672.60	963.30
	材料费（元）		11.29	104.61	104.61
	机械费（元）		342.01	639.93	937.85
名称		单位	数量		
人工	安装技术工	工日	6.4000	11.8000	16.9000
计价材料	镀锌六角螺栓 综合	kg		0.2830	0.2830
	软铜绞线 35mm^2	m		3.0000	3.0000
	铜接线端子 100A	个		4.0000	4.0000
	标签色带 （12～36）mm×8m	卷	0.5000	0.5000	0.5000
	脱脂棉	卷	0.1000	0.1000	0.1000
	其他材料费	元	0.5600	0.5600	0.5600

续表

定额编号			JT11－17	JT11－18	JT11－19
项目			服务器		
			低端	中端	高端
机械	载重汽车 5t	台班	0.1000	0.1000	0.1000
	服务器管理测试系统	台班	0.2000	0.4000	0.6000
	功能检测分析平台（电脑）	台班	1.5000	2.7000	3.9000

11.5 网络安全设备安装调测

工作内容： 1. 安装：开箱检查、定位安装、接地、互连、加电检查、清理现场等。2. 调试：硬件系统调试、联试安全保护。

定额编号			JT11－20	JT11－21	JT11－22
项目			防火墙设备		其他网络安全设备
			企业自用型	公共服务型	
单位			台	台	台
基价（元）			**821.72**	**1350.27**	**428.46**
其中	人工费（元）		285.00	410.40	85.50
	材料费（元）		11.29	102.37	11.29
	机械费（元）		525.43	837.50	331.67
名称		单位	数量		
人工	安装技术工	工日	5.0000	7.2000	1.5000
计价材料	软铜绞线 35mm²	m		3.0000	
	铜接线端子 100A	个		4.0000	
	标签色带 (12～36)mm×8m	卷	0.5000	0.5000	0.5000
	脱脂棉	卷	0.1000	0.1000	0.1000
	其他材料费	元	0.5600	0.5600	0.5600
机械	载重汽车 5t	台班	0.1000	0.1000	
	网络设备安全防护测试仪	台班	0.3000	0.5000	0.2000

续表

定 额 编 号			JT11－20	JT11－21	JT11－22
项 目			防火墙设备		其他网络安全设备
			企业自用型	公共服务型	
机械	网络攻击测试套件（Threatex 2700）	台班	0.5000	0.8000	0.3000
	功能检测分析平台（电脑）	台班	1.0000	1.5000	1.0000

11.6 数据存储设备安装调测

工作内容：开箱检查、清洁搬运、定位安装、接地、互连、接口检查、加电自检、联机调试。

定额编号			JT11－23	JT11－24	JT11－25	JT11－26
项目			硬盘驱动器	磁盘阵列		磁带机
				12块以下	每增5块	
单位			台	台	台	台
基价（元）			**146.62**	**413.69**	**173.84**	**190.47**
其中	人工费（元）		57.00	114.00	34.20	85.50
	材料费（元）		85.70	11.29	5.24	104.97
	机械费（元）		3.92	288.40	134.40	
名称		单位	数量			
人工	安装技术工	工日	1.0000	2.0000	0.6000	1.5000
计价材料	软铜绞线 35mm²	m	2.4000			3.0000
	铜接线端子 100A	个	4.0000			4.0000
	标签色带 （12～36）mm×8m	卷	0.5000	0.5000	0.2000	0.5000
	乙醇（酒精） 工业用99.5%	kg	0.1000	0.1000	0.1000	0.1000
	脱脂棉	卷	0.1000	0.1000	0.1000	0.5000
机械	磁盘管理测试系统	台班		1.0000	0.5000	
	功能检测分析平台（电脑）	台班	0.1000	0.5000		

定额编号			JT11-27	JT11-28	JT11-29	JT11-30	JT11-31	JT11-32
项目			磁带库				光盘机	光盘库
			200 盒以下	500 盒以下	1000 盒以下	1000 盒以上每增加 50 盘		
单位			台	台	台	台	台	台
基价（元）			**210.79**	**307.58**	**438.35**	**29.10**	**56.39**	**335.49**
其中	人工费（元）		199.50	285.00	381.90	28.50	28.50	285.00
	材料费（元）		11.29	22.58	56.45	0.60	16.13	11.29
	机械费（元）						11.76	39.20
名称		单位	数量					
人工	安装技术工	工日	3.5000	5.0000	6.7000	0.5000	0.5000	5.0000
计价材料	标签色带 (12~36)mm×8m	卷	0.5000	1.0000	2.5000	0.0150	0.5000	0.5000
	乙醇（酒精） 工业用99.5%	kg	0.1000	0.2000	0.5000	0.0250	0.5000	0.1000
	脱脂棉	卷	0.1000	0.2000	0.5000	0.0250	0.5000	0.1000
机械	功能检测分析平台（电脑）	台班					0.3000	1.0000

11.7 网络系统调试

工作内容： 1. 局域网系统调试：局域网内对有关的网络设备及安全设备配置、变更及联调。2. 接入广域网系统调试：对新增业务、新增广域网单位接入广域网的相关网络设备及安全设备配置、变更及联调。3. 接入互联网系统调试：通过 Internet 访问内部业务的系统调试。4. 网络安全系统调试：基于 IP 和 TCP/UDP 协议端口的访问控制，基于内容和应用类别的访问控制，含网络层策略调试。

定额编号			JT11－33	JT11－34	JT11－35	JT11－36	JT11－37	JT11－38
项目			局域网系统调试（用户以下）			接入广域网系统调试	接入互联网系统调试	网络安全系统调试
			50	200	500			
单位			系统	系统	系统	系统	系统	系统
基价（元）			**1196.90**	**3502.08**	**6411.90**	**2931.24**	**2002.24**	**13319.28**
其中	人工费（元）		552.90	1140.00	2547.90	1140.00	855.00	3665.10
	材料费（元）							
	机械费（元）		644.00	2362.08	3864.00	1791.24	1147.24	9654.18
名称		单位	数量					
人工	安装技术工	工日	9.7000	20.0000	44.7000	20.0000	15.0000	64.3000
机械	网络设备安全防护测试仪	台班				0.5000	0.5000	7.5000
	网络通断测试仪	台班	5.0000	19.8000	30.0000	10.0000	5.0000	6.0000
	功能检测分析平台（电脑）	台班	5.0000	15.0000	30.0000	10.0000	5.0000	40.0000

第12章 卫星通信甚小口径地面站（VSAT）设备

说　　明

一、内容范围

本章包括中心站、端站设备安装调测，中心站站内环测及全网系统对测。

二、未包括的内容

设备之间连接缆线敷设，使用时套用本定额第 7 章“设备电缆”相关子目。

三、工程量计算规则

1．室外单元、室内单元、监控设备以“台”为计量单位。

2．端站设备、中心站站内环测、全网系统对测（每增加 1 个端站）以“站”为计量单位。

四、定额套用及调整

室外单元安装已包括天线部分。

12.1　中心站、端站设备安装调测

工作内容： 开箱检查、清洁搬运、划线定位、安装固定、接地、通电检查、单机及单元调试。

定额编号			JT12-1	JT12-2	JT12-3	JT12-4
项目			室外单元	室内单元	监控设备	端站设备
						固定站、移动站
单位			台	台	台	站
基价（元）			**5839.44**	**6144.04**	**2390.95**	**5191.92**
其中	人工费（元）		3095.00	2921.00	929.00	983.00
	材料费（元）		11.29	104.61	19.04	104.89
	机械费（元）		2733.15	3118.43	1442.91	4104.03
名称		单位	数量			
人工	普通工	工日	2.0000	5.0000	2.0000	5.0000
	安装技术工	工日	53.0000	48.0000	15.0000	14.0000
计价材料	镀锌六角螺栓　综合	kg		0.2830		0.2830
	软铜绞线　35mm^2	m		3.0000		3.0000
	铜接线端子　100A	个		4.0000	4.0000	4.0000
	标签色带　(12~36)mm×8m	卷	0.5000	0.5000	0.5000	0.5000
	脱脂棉	卷	0.1000	0.1000	0.1000	0.1000
	其他材料费	元	0.5600	0.5600	0.5600	0.8400
机械	载重汽车　5t	台班	0.5000	0.5000	0.5000	0.5000

续表

定额编号			JT12-1	JT12-2	JT12-3	JT12-4
项目			室外单元	室内单元	监控设备	端站设备
						固定站、移动站
机械	数字存储示波器	台班	2.8000	3.0000	1.3000	4.0000
	中功率计	台班	2.8000	3.0000	1.3000	4.0000
	数据分析仪（数据测试仪）	台班		3.0000	1.3000	4.0000
	扫频信号发生器	台班	2.8000			
	频谱分析仪	台班	2.8000	3.0000	1.3000	4.0000
	功能检测分析平台（电脑）	台班	2.8000	3.0000	1.3000	4.0000

12.2 中心站站内环测及全网系统对测

工作内容：站内中频和射频环测、中心站与各端站对测、用户试通、数据记录、填写调试报告。

定额编号			JT12－5	JT12－6
项目			中心站站内环测	全网系统对测
单位			站	站
基价（元）			**3016.90**	**611.28**
其中	人工费（元）		552.90	114.00
	材料费（元）			
	机械费（元）		2464.00	497.28
名称		单位	数量	
人工	安装技术工	工日	9.7000	2.0000
机械	数字存储示波器	台班	2.5000	0.6000
	中功率计	台班	2.5000	0.6000
	数据分析仪（数据测试仪）	台班	2.5000	0.4000
	频谱分析仪	台班	2.5000	0.4000
	功能检测分析平台（电脑）	台班	2.5000	0.6000

第13章 通信线路

说　明

一、内容范围

本章包括立杆架线，架设架空光缆，架设架空音频电缆，敷设管道（沟）光缆、管道（沟）音频电缆、室内光缆、电缆，光缆单盘测试，光缆接续，光缆测试，电缆接续与测试，电缆充气，保护管敷设及其他，光缆跨越。

二、未包括的内容

1．管道支吊架等铁构件制作安装。

2．OPGW 光缆架设。

三、工程量计算规则

1．立水泥杆、装单股拉线 7/2.6、安装引上钢管、安装顶管（ϕ150 埋深 5m 以内），以“根”为计量单位。

2．架设架空吊线、架空电缆、架空光缆、ADSS 自承式光缆，沟内人工敷设穿子管光缆，沟内人工敷设音频电缆，电缆全程充气，以“km”为计量单位。

3．打穿墙洞、安装支撑物、封焊热可塑套管、制作封焊热可塑套管气闭头以“个”为计量单位。

4．穿放引上光（电）缆以“条”为计量单位。

5．墙壁式电缆、槽道式光缆、槽板式沿墙光电缆、室内通道光缆、子管敷设以“100m”为计量单位。

6．钢管敷设（ϕ150）以“m”为计量单位。

7．光缆单盘测试、OPGW 光缆单盘测试以“盘”为计量单位。

8．光缆单盘测试每增加 2 芯、OPGW 光缆单盘测试每增加 2 芯、中继光缆接续每增加 2 芯、OPGW 光缆接续每增加 2 芯、用户光缆接续每增加 2 芯、冷接子接续、中继光缆测试每增加 2 芯、用户光缆测试每增加 2 芯以“芯”为计量单位。

9．中继光缆接续、用户光缆接续、OPGW 光缆接续以“头”为计量单位。这里的头指光缆头的个数。

10．中继光缆测试以“中继段”为计量单位。

11．用户光缆测试以“用户段”为计量单位。

12．电缆接续、电缆全程调测以“段”为计量单位。

13．安装充气设备以“套”为计量单位。

14．布放安装输气管以“20m/条”为计量单位。

15．安装告警器以“台”为计量单位。

16．光缆跨越、牵张场以“处”为计量单位。

四、定额套用及调整

1．架设架空光（电）缆是按平地考虑的，如在其他地形条件施工时，在无其他规定的情况下，丘陵、水田地形时定额人工、机械乘系数 1.3；市区、山区地形时定额人工、机械乘系数 1.5。

2．立水泥杆定额中已含挖坑。设计可根据“距高比”对各种拉线的钢绞线用量做适当调整，但定额工日不变。

3．架设架空吊线定额内已含终结、假终结、丁字结、十字结等，使用时定额不做调整。

4．音频电缆头接续适用于一字型和分歧型及不同线径。

5．人工敷设穿子管光缆子目，不包含子管敷设内容。

6．封焊套管定额适用于卧式、立式各种套管。

7．电缆全程充气定额只适用于充气型市话电缆。

8．接续定额子目已含光缆接头盒或保护盒的安装及盘余缆。

9．光缆架设子目已含金具安装及余缆架的安装。

10．子管、钢管、引上钢管的安装定额已综合了各种规格、型号，使用时定额不做调整。

11．对于用户光缆除特殊需要外一般不再套用光缆单盘测试子目。

12．OPPC（相线复合光缆）安装套用送电线路册 OPGW 光缆安装相关子目，单盘测试套用本章 OPGW 光缆单盘测试相关子目，接续套用本章 OPGW 光缆接续相关子目，人工工日乘 1.5 系数调整，光缆测试套用本章中继光缆测试相关子目。

13．OPLC（光纤复合低压电缆）套用本章用户光缆相关子目，人工工日乘 1.3 系数调整。

13.1 立杆架线

工作内容： 1. 立水泥杆：挖坑、清理、立杆、回填夯实、号杆等。2. 装拉线：挖拉线坑、装制地锚、安装拉线、埋设地锚、回填夯实、收紧拉线、缠（夹）固中把、清理现场等。3. 架设架空吊线：安装并紧固支持物（或固定物），布防吊线，紧线，做终结、丁字结、十字结等。

定额编号			JT13－1	JT13－2	JT13－3	JT13－4
项目			立水泥杆	装单股拉线	架设架空吊线	
					GJ7/2.2	GJ7/2.6
单位			根	根	km	km
基价（元）			**463.95**	**52.37**	**932.97**	**989.97**
其中	人工费（元）		56.70	45.30	689.50	746.50
	材料费（元）		23.58	7.07	23.58	23.58
	机械费（元）		383.67		219.89	219.89
名称		单位	数量			
人工	普通工	工日	0.3000	0.3000	4.0000	4.0000
	安装技术工	工日	0.8000	0.6000	9.5000	10.5000
计价材料	镀锌铁丝 8号	kg	4.0000	1.2000	4.0000	4.0000
	其他材料费	元	0.6900	0.2100	0.6900	0.6900

续表

定额编号			JT13－1	JT13－2	JT13－3	JT13－4
项目			立水泥杆	装单股拉线	架设架空吊线	
					GJ7/2.2	GJ7/2.6
机械	汽车式起重机　5t	台班	0.3000		0.3000	0.3000
	载重汽车　5t	台班	0.3000		0.3000	0.3000
	打洞立杆机　92kW	台班	0.3000			

13.2 架设架空光缆

工作内容： 1. 架设架空光缆：检查光缆、配盘、架设光缆、卡挂挂钩、盘余长、绑保护物、安装余缆架等。2. 架设ADSS自承式光缆：路径测量，检查光缆，配盘，布放紧固光缆，金具安装，调整光缆弛度，引下夹具、余缆架等附件安装，盘余长等。

定额编号			JT13－5	JT13－6	JT13－7	JT13－8	JT13－9	JT13－10
项目			架空光缆（芯以下）			架空光缆（芯以上）	ADSS自承式光缆	
			12	36	60	60	35kV以下	35kV以上
单位			km	km	km	km	km	km
基价（元）			**1074.09**	**1131.09**	**1225.09**	**1282.09**	**2306.15**	**2420.15**
其中	人工费（元）		641.00	698.00	792.00	849.00	530.00	644.00
	材料费（元）		86.86	86.86	86.86	86.86	47.67	47.67
	机械费（元）		346.23	346.23	346.23	346.23	1728.48	1728.48
名称		单位	数量					
人工	普通工	工日	5.0000	5.0000	6.0000	6.0000	2.0000	2.0000
	安装技术工	工日	8.0000	9.0000	10.0000	11.0000	8.0000	10.0000
计价材料	方材红白松 二等	m^3					0.0050	0.0050
	镀锌铁丝 8号	kg	10.0000	10.0000	10.0000	10.0000	2.6030	2.6030
	镀锌钢绞线 GJ－35	kg					1.1500	1.1500
	普通橡胶管 DN50	m					0.3520	0.3520

续表

定额编号			JT13－5	JT13－6	JT13－7	JT13－8	JT13－9	JT13－10
项目			架空光缆（芯以下）			架空光缆（芯以上）	ADSS 自承式光缆	
			12	36	60	60	35kV 以下	35kV 以上
计价材料	自粘性橡胶带 25mm×20m	卷	1.0000	1.0000	1.0000	1.0000		
	塑料标识牌	个	30.0000	30.0000	30.0000	30.0000		
	钢锯条 各种规格	根	2.0000	2.0000	2.0000	2.0000		
	白棕绳 $\phi 8$	kg					0.2800	0.2800
	麻绳	kg					0.3600	0.3600
	其他材料费	元	5.1100	5.1100	5.1100	5.1100	1.7500	1.7500
机械	汽车式起重机 8t	台班	0.4000	0.4000	0.4000	0.4000	0.4000	0.4000
	载重汽车 5t	台班	0.2000	0.2000	0.2000	0.2000	0.2000	0.2000
	机动绞磨 3t 以内	台班	0.3000	0.3000	0.3000	0.3000	0.8000	0.8000
	牵引机组机械 90kN	台班					0.4500	0.4500
	张力机组机械 1×40kN	台班					0.4500	0.4500

13.3 架设架空音频电缆

工作内容：检查电缆、配盘、架设电缆、卡挂挂钩、盘余长、绑保护物、余缆架安装等。

定额编号			JT13－11	JT13－12	JT13－13
项目			架空电缆（对以下）		架空电缆（对以上）
			50	100	100
单位			km	km	km
基价（元）			**2233.85**	**2290.85**	**2404.85**
其中	人工费（元）		1795.00	1852.00	1966.00
	材料费（元）		154.31	154.31	154.31
	机械费（元）		284.54	284.54	284.54
名称		单位	数量		
人工	普通工	工日	10.0000	10.0000	10.0000
	安装技术工	工日	25.0000	26.0000	28.0000
计价材料	镀锌铁丝 8号	kg	13.5000	13.5000	13.5000
	自粘性橡胶带 25mm×20m	卷	1.0000	1.0000	1.0000
	塑料标识牌	个	30.0000	30.0000	30.0000
	硬脂酸 一级	kg	0.5000	0.5000	0.5000
	乙醇（酒精） 工业用99.5%	kg	3.0000	3.0000	3.0000
	钢锯条 各种规格	根	2.0000	2.0000	2.0000

续表

定额编号			JT13－11	JT13－12	JT13－13
项目			架空电缆（对以下）		架空电缆（对以上）
			50	100	100
计价材料	棉纱头	kg	3.0000	3.0000	3.0000
	其他材料费	元	7.3300	7.3300	7.3300
机械	汽车式起重机　5t	台班	0.3000	0.3000	0.3000
	载重汽车　5t	台班	0.5000	0.5000	0.5000

13.4 敷设管（沟）道光缆

工作内容：检查光缆、配盘、穿放引线、敷设光缆、加保护垫、绑扎固定、做标识等。

定额编号			JT13-14	JT13-15	JT13-16	JT13-17	JT13-18	JT13-19	JT13-20	JT13-21
项目			人工敷设穿子管光缆（芯以下）			人工敷设穿子管光缆（芯以上）	人工敷设光缆（芯以下）			人工敷设光缆（芯以上）
			12	36	60	60	12	36	60	60
单位			km	km	km	km	km	km	km	km
基价（元）			**2093.19**	**2264.19**	**2435.19**	**2720.19**	**1828.19**	**1999.19**	**2170.19**	**2341.19**
其中	人工费（元）		1738.00	1909.00	2080.00	2365.00	1473.00	1644.00	1815.00	1986.00
	材料费（元）		135.30	135.30	135.30	135.30	135.30	135.30	135.30	135.30
	机械费（元）		219.89	219.89	219.89	219.89	219.89	219.89	219.89	219.89
名称		单位	数量							
人工	普通工	工日	10.0000	10.0000	10.0000	10.0000	9.0000	9.0000	9.0000	9.0000
	安装技术工	工日	24.0000	27.0000	30.0000	35.0000	20.0000	23.0000	26.0000	29.0000
计价材料	镀锌铁丝 8号	kg	13.5000	13.5000	13.5000	13.5000	13.5000	13.5000	13.5000	13.5000
	塑料标识牌	个	30.0000	30.0000	30.0000	30.0000	30.0000	30.0000	30.0000	30.0000
	乙醇（酒精） 工业用99.5%	kg	3.0000	3.0000	3.0000	3.0000	3.0000	3.0000	3.0000	3.0000

续表

定额编号			JT13－14	JT13－15	JT13－16	JT13－17	JT13－18	JT13－19	JT13－20	JT13－21
项目			人工敷设穿子管光缆（芯以下）			人工敷设穿子管光缆（芯以上）	人工敷设光缆（芯以下）			人工敷设光缆（芯以上）
			12	36	60	60	12	36	60	60
计价材料	棉纱头	kg	3.0000	3.0000	3.0000	3.0000	3.0000	3.0000	3.0000	3.0000
	其他材料费	元	5.9600	5.9600	5.9600	5.9600	5.9600	5.9600	5.9600	5.9600
机械	汽车式起重机 5t	台班	0.3000	0.3000	0.3000	0.3000	0.3000	0.3000	0.3000	0.3000
	载重汽车 5t	台班	0.3000	0.3000	0.3000	0.3000	0.3000	0.3000	0.3000	0.3000

13.5 敷设管（沟）道音频电缆

工作内容：检查电缆、配盘、穿放引线、敷设电缆、加保护垫、绑扎固定、做标识等。

定额编号			JT13－22	JT13－23	JT13－24
项目			人工敷设音频电缆（对以下）		
			50	100	200
单位			km	km	km
基价（元）			**1216.21**	**1276.09**	**1427.09**
其中	人工费（元）		869.00	926.00	1077.00
	材料费（元）		127.32	130.20	130.20
	机械费（元）		219.89	219.89	219.89
名称		单位	数量		
人工	普通工	工日	5.0000	5.0000	6.0000
	安装技术工	工日	12.0000	13.0000	15.0000
计价材料	镀锌铁丝 8号	kg	13.5000	13.5000	13.5000
	塑料标识牌	个	30.0000	30.0000	30.0000
	硬脂酸 一级	kg	0.5000	0.5000	0.5000
	乙醇（酒精） 工业用99.5%	kg	1.0000	1.5000	1.5000
	钢锯条 各种规格	根	2.0000	2.0000	2.0000

续表

定额编号			JT13－22	JT13－23	JT13－24
项目			人工敷设音频电缆（对以下）		
			50	100	200
计价材料	棉纱头	kg	2.0000	2.0000	2.0000
	其他材料费	元	6.5400	6.6300	6.6300
机械	汽车式起重机　5t	台班	0.3000	0.3000	0.3000
	载重汽车　5t	台班	0.3000	0.3000	0.3000

13.6 敷设室内光缆

工作内容：检查光缆、安装托板、穿放引线、布放光缆、复测光缆、包塑料保护管、绑扎固定、做标识等。

定额编号			JT13－25	JT13－26
项目			槽道式光缆	室内通道光缆
单位			100m	100m
基价（元）			**139.52**	**260.92**
其中	人工费（元）		86.60	208.00
	材料费（元）		20.59	20.59
	机械费（元）		32.33	32.33
名称		单位	数量	
人工	普通工	工日	0.8000	1.0000
	安装技术工	工日	1.0000	3.0000
计价材料	自粘性橡胶带 25mm×20m	卷	1.0000	1.0000
	塑料标识牌	个	10.0000	10.0000
	乙醇（酒精） 工业用99.5%	kg	1.0000	1.0000
	棉纱头	kg	0.3000	0.3000
	其他材料费	元	0.6000	0.6000
机械	载重汽车 5t	台班	0.1000	0.1000

13.7 敷设电缆

工作内容：安装固定支持物、装设槽板、检查测试电缆、布放电缆、端头处理等。

定额编号			JT13-27	JT13-28	JT13-29	JT13-30	JT13-31	JT13-32	JT13-33
项目			墙壁式电缆（对以下）				成端电缆（对以下）		
			固钉式电缆		槽板式电缆		50	100	200
			50	100	50	100			
单位			100m	100m	100m	100m	个	个	个
基价（元）			**491.09**	**519.59**	**509.59**	**566.59**	**39.92**	**66.42**	**119.42**
其中	人工费（元）		198.00	226.50	216.50	273.50	26.50	53.00	106.00
	材料费（元）		8.55	8.55	8.55	8.55	13.42	13.42	13.42
	机械费（元）		284.54	284.54	284.54	284.54			
名称		单位	数量						
人工	普通工	工日	1.5000	1.5000	2.0000	2.0000	0.1000	0.2000	0.4000
	安装技术工	工日	2.5000	3.0000	2.5000	3.5000	0.4000	0.8000	1.6000
计价材料	镀锌铁丝 8号	kg	0.4000	0.4000	0.4000	0.4000			
	自粘性橡胶带 25mm×20m	卷	0.1000	0.1000	0.1000	0.1000	1.0000	1.0000	1.0000
	塑料标识牌	个	3.0000	3.0000	3.0000	3.0000	2.0000	2.0000	2.0000
	乙醇（酒精） 工业用99.5%	kg	0.1000	0.1000	0.1000	0.1000	0.1000	0.1000	0.1000
	钢锯条 各种规格	根	0.2000	0.2000	0.2000	0.2000	0.5000	0.5000	0.5000
	砂布	张	1.0000	1.0000	1.0000	1.0000	1.0000	1.0000	1.0000

续表

定额编号			JT13－27	JT13－28	JT13－29	JT13－30	JT13－31	JT13－32	JT13－33
项目			墙壁式电缆（对以下）				成端电缆（对以下）		
			固钉式电缆		槽板式电缆		50	100	200
			50	100	50	100			
计价材料	棉纱头	kg	0.3000	0.3000	0.3000	0.3000	0.3000	0.3000	0.3000
	其他材料费	元	0.2500	0.2500	0.2500	0.2500	0.3900	0.3900	0.3900
机械	汽车式起重机　5t	台班	0.3000	0.3000	0.3000	0.3000			
	载重汽车　5t	台班	0.5000	0.5000	0.5000	0.5000			

13.8 光缆单盘测试

工作内容：测量准备、开缆盘、清洗光纤、切缆、测量、记录数据、封缆头、清理现场。

定额编号			JT13－34	JT13－35	JT13－36	JT13－37	JT13－38	JT13－39
项目			光缆单盘测试（芯以下）					
			12	24	36	48	60	（60芯以上）每增加2芯
单位			盘	盘	盘	盘	盘	芯
基价（元）			**624.34**	**922.09**	**1219.85**	**1518.17**	**1816.50**	**50.35**
其中	人工费（元）		57.00	74.10	91.20	108.30	125.40	2.85
	材料费（元）		98.59	149.68	200.77	252.43	304.09	9.21
	机械费（元）		468.75	698.31	927.88	1157.44	1387.01	38.29
名称		单位	数量					
人工	安装技术工	工日	1.0000	1.3000	1.6000	1.9000	2.2000	0.0500
计价材料	光纤测量用匹配油	瓶	0.1000	0.1500	0.2000	0.2500	0.3000	0.0100
	光纤用除油剂	瓶	0.2000	0.2300	0.2600	0.2900	0.3200	0.0200
	光纤用切管刀片	片	0.2000	0.4000	0.6000	0.8000	1.0000	0.0150
	自粘性橡胶带 25mm×20m	卷	1.0000	1.2500	1.5000	1.7500	2.0000	0.1000
	无纺布	m^2	1.0000	1.2000	1.4000	1.6000	1.8000	0.1000
	绸布	m^2	0.5000	0.6800	0.8600	1.0400	1.2200	0.0300

续表

定　额　编　号			JT13－34	JT13－35	JT13－36	JT13－37	JT13－38	JT13－39
项　　目			光缆单盘测试（芯以下）					
			12	24	36	48	60	（60 芯以上）每增加 2 芯
计价材料	压缩空气　标准瓶装	瓶	0.2500	0.4750	0.7000	0.9500	1.2000	0.0250
	其他材料费	元	2.4900	4.0500	5.6200	7.1900	8.7600	0.2400
机械	载重汽车　5t	台班	0.5000	0.6000	0.7000	0.8000	0.9000	0.0300
	汽油发电机组　10kW	台班	0.2000	0.3000	0.4000	0.5000	0.6000	0.0300
	光时域反射仪	台班	0.6000	1.0000	1.4000	1.8000	2.2000	0.0500

定额编号			JT13-40	JT13-41	JT13-42	JT13-43	JT13-44	JT13-45
项目			OPGW 光缆单盘测试（芯以下）					
			12	24	36	48	60	(60 芯以上)每增加 2 芯
单位			盘	盘	盘	盘	盘	芯
基价（元）			**733.99**	**1059.30**	**1384.59**	**1709.89**	**2035.19**	**56.91**
其中	人工费（元）		68.40	102.60	136.80	171.00	205.20	3.14
	材料费（元）		142.00	214.80	287.59	360.38	433.18	18.78
	机械费（元）		523.59	741.90	960.20	1178.51	1396.81	34.99
名称		单位	数量					
人工	安装技术工	工日	1.2000	1.8000	2.4000	3.0000	3.6000	0.0550
计价材料	光纤测量用匹配油	瓶	0.2000	0.3000	0.4000	0.5000	0.6000	0.0300
	光纤用除油剂	瓶	0.2000	0.2300	0.2600	0.2900	0.3200	0.0200
	光纤用切管刀片	片	0.2000	0.4000	0.6000	0.8000	1.0000	0.0300
	自粘性橡胶带 25mm×20m	卷	1.0000	1.2500	1.5000	1.7500	2.0000	0.1000
	无纺布	m^2	1.0000	1.2000	1.4000	1.6000	1.8000	
	绸布	m^2	0.5000	0.6800	0.8600	1.0400	1.2200	0.0300
	压缩空气 标准瓶装	瓶	0.2500	0.4750	0.7000	0.9250	1.1500	0.0380
	其他材料费	元	3.3400	5.3300	7.3200	9.3100	11.2900	0.4600

续表

定额编号			JT13－40	JT13－41	JT13－42	JT13－43	JT13－44	JT13－45
项目			OPGW 光缆单盘测试（芯以下）					
			12	24	36	48	60	（60 芯以上）每增加 2 芯
机械	载重汽车　5t	台班	0.6000	0.7000	0.8000	0.9000	1.0000	0.0200
	汽油发电机组　10kW	台班	0.3000	0.3500	0.4000	0.4500	0.5000	0.0200
	光时域反射仪	台班	0.6000	1.0000	1.4000	1.8000	2.2000	0.0550

13.9 光缆接续

工作内容：上杆（塔）放、收、固定光缆，检验器材，确定接头位置，纤芯熔接，盘绕固定余纤，复测衰减，安装接头盒或保护盒等。

定额编号			JT13－46	JT13－47	JT13－48	JT13－49	JT13－50	JT13－51
项目			中继光缆接续（芯以下）					
			12	24	36	48	60	（60芯以上）每增加2芯
单位			头	头	头	头	头	芯
基价（元）			**1762.42**	**2345.71**	**2927.88**	**3522.63**	**4116.22**	**79.59**
其中	人工费（元）		285.00	370.50	456.00	541.50	627.00	14.25
	材料费（元）		137.13	232.83	327.41	434.58	540.58	14.49
	机械费（元）		1340.29	1742.38	2144.47	2546.55	2948.64	50.85
名称		单位	数量					
人工	安装技术工	工日	5.0000	6.5000	8.0000	9.5000	11.0000	0.2500
计价材料	热缩管	m	15.0000	29.0000	42.0000	60.0000	78.0000	3.0000
	光纤用除油剂	瓶	0.4000	0.8000	1.2000	1.6000	2.0000	0.0700
	光纤用切管刀片	片	0.5000	0.8000	1.1000	1.4000	1.7000	0.0100
	自粘性橡胶带 25mm×20m	卷	2.0000	2.5000	3.0000	3.5000	4.0000	0.1000
	无纺布	m^2	1.0000	1.5000	2.0000	2.5000	3.0000	0.0800

续表

定额编号			JT13-46	JT13-47	JT13-48	JT13-49	JT13-50	JT13-51
项目			中继光缆接续（芯以下）					
			12	24	36	48	60	（60芯以上）每增加2芯
计价材料	绸布	m^2	0.2000	0.3000	0.5000	0.8000	1.0000	0.0200
	压缩空气　标准瓶装	瓶	0.5000	0.7500	1.0000	1.2500	1.5000	0.0400
	其他材料费	元	4.2600	7.1400	10.0000	13.1100	16.2000	0.4500
机械	载重汽车　5t	台班	1.0000	1.3000	1.6000	1.9000	2.2000	
	汽油发电机组　10kW	台班	1.0000	1.3000	1.6000	1.9000	2.2000	0.0500
	光纤熔接仪	台班	1.0000	1.3000	1.6000	1.9000	2.2000	0.0500
	光纤电话	台班	1.0000	1.3000	1.6000	1.9000	2.2000	0.0500
	光时域反射仪	台班	1.0000	1.3000	1.6000	1.9000	2.2000	0.0500

定额编号			JT13－52	JT13－53	JT13－54	JT13－55	JT13－56	JT13－57
项目			OPGW 光缆接续（芯以下）					
			12	24	36	48	60	（60 芯以上）每增加 2 芯
单位			头	头	头	头	头	芯
基价（元）			**2112.02**	**2651.72**	**3190.31**	**3732.34**	**4273.21**	**88.20**
其中	人工费（元）		456.00	541.50	627.00	712.50	798.00	11.97
	材料费（元）		149.01	244.71	339.29	437.32	534.19	12.45
	机械费（元）		1507.01	1865.51	2224.02	2582.52	2941.02	63.78
名称		单位	数量					
人工	安装技术工	工日	8.0000	9.5000	11.0000	12.5000	14.0000	0.2100
计价材料	热缩管	m	15.0000	29.0000	42.0000	56.0000	70.0000	2.2000
	光纤用除油剂	瓶	0.6000	1.0000	1.4000	1.8000	2.2000	0.0700
	光纤用切管刀片	片	0.5000	0.8000	1.1000	1.4000	1.7000	0.0100
	自粘性橡胶带 25mm×20m	卷	2.0000	2.5000	3.0000	3.5000	4.0000	0.0800
	无纺布	m^2	1.0000	1.5000	2.0000	2.5000	3.0000	0.0800
	绸布	m^2	0.2000	0.3000	0.5000	0.8000	1.0000	0.0150
	压缩空气 标准瓶装	瓶	0.5000	0.7500	1.0000	1.2500	1.5000	0.0400
	其他材料费	元	4.4900	7.3700	10.2400	13.1700	16.0700	0.4100

续表

定额编号			JT13－52	JT13－53	JT13－54	JT13－55	JT13－56	JT13－57
项目			OPGW 光缆接续（芯以下）					
			12	24	36	48	60	（60 芯以上）每增加 2 芯
机械	载重汽车　5t	台班	1.2000	1.4000	1.6000	1.8000	2.0000	
	汽油发电机组　10kW	台班	0.7500	1.0000	1.2500	1.5000	1.7500	0.1250
	光纤熔接仪	台班	1.2000	1.5000	1.8000	2.1000	2.4000	0.0450
	光纤电话	台班	1.2000	1.5000	1.8000	2.1000	2.4000	0.0450
	光时域反射仪	台班	1.2000	1.5000	1.8000	2.1000	2.4000	0.0450

定额编号			JT13－58	JT13－59	JT13－60	JT13－61	JT13－62	JT13－63	JT13－64	JT13－65
项目			用户光缆接续（芯以下）							冷接子接续
			2	4	8	12	18	24	（24 芯以上）每增加 2 芯	
单位			头	头	头	头	头	头	芯	芯
基价（元）			**196.04**	**235.87**	**309.09**	**385.72**	**483.79**	**583.47**	**38.91**	**8.69**
其中	人工费（元）		45.60	57.00	74.10	96.90	119.70	142.50	11.40	6.84
	材料费（元）		14.81	23.25	43.30	61.07	84.20	108.95	7.52	1.85
	机械费（元）		135.63	155.62	191.69	227.75	279.89	332.02	19.99	
名称		单位	数量							
人工	安装技术工	工日	0.8000	1.0000	1.3000	1.7000	2.1000	2.5000	0.2000	0.1200
计价材料	热缩管	m	3.0000	5.0000	10.0000	14.0000	20.0000	26.0000	2.1000	
	光纤用除油剂	瓶	0.0200	0.0400	0.0800	0.1200	0.1600	0.2400	0.0200	0.0100
	光纤用切管刀片	片	0.0100	0.0150	0.0450	0.0750	0.1050	0.1450	0.0100	0.0100
	自粘性橡胶带 25mm×20m	卷	0.5000	0.6000	0.7000	0.8000	1.0000	1.0000		0.0100
	无纺布	m^2	0.0500	0.1000	0.2000	0.3000	0.4000	0.5000	0.0200	0.0100
	压缩空气 标准瓶装	瓶	0.0500	0.1000	0.2000	0.3000	0.4000	0.5000	0.0200	0.0100
	其他材料费	元	0.7900	0.9600	1.3800	1.7600	2.2400	2.7500	0.2600	0.0900
机械	光功率计	台班	1.0000	1.1000	1.2000	1.3000	1.4000	1.5000	0.1000	
	光纤熔接仪	台班	0.3000	0.3500	0.4500	0.5500	0.7000	0.8500	0.0500	

13.10 光缆测试

工作内容：1. 中继光缆测试："双窗口"1310nm 及 1550nm 光纤特性的测试，光缆全程接头损耗测试，光缆全程损耗测试，记录、整理测试资料等。2. 用户光缆测试：光缆全程试通测试，记录、整理测试资料等。

定额编号			JT13－66	JT13－67	JT13－68	JT13－69	JT13－70	JT13－71
项目			中继光缆测试（芯以下）					
			12	24	36	48	60	（60 芯以上）每增加 2 芯
单位			中继段	中继段	中继段	中继段	中继段	芯
基价（元）			**1455.53**	**1986.76**	**2517.99**	**3050.71**	**3583.43**	**89.43**
其中	人工费（元）		912.00	1168.50	1425.00	1681.50	1938.00	42.75
	材料费（元）		7.43	14.11	20.79	28.96	37.13	1.11
	机械费（元）		536.10	804.15	1072.20	1340.25	1608.30	45.57
名称		单位	数量					
人工	安装技术工	工日	16.0000	20.5000	25.0000	29.5000	34.0000	0.7500
计价材料	乙醇（酒精） 工业用 99.5%	kg	0.1000	0.1900	0.2800	0.3900	0.5000	0.0150
	无纺布	m^2	1.0000	1.9000	2.8000	3.9000	5.0000	0.1500
	其他材料费	元	0.1500	0.2800	0.4100	0.5700	0.7300	0.0200
机械	光频谱分析仪	台班	0.2000	0.3000	0.4000	0.5000	0.6000	0.0170
	光纤色散测试仪	台班	0.2000	0.3000	0.4000	0.5000	0.6000	0.0170
	光时域反射仪	台班	0.2000	0.3000	0.4000	0.5000	0.6000	0.0170

定额编号			JT13－72	JT13－73	JT13－74	JT13－75	JT13－76	JT13－77	JT13－78
项目			用户光缆测试（芯以下）						
			2	4	8	12	18	24	（24芯以上）每增加2芯
单位			用户段	用户段	用户段	用户段	用户段	用户段	芯
基价（元）			**98.83**	**109.19**	**129.97**	**150.70**	**181.79**	**212.87**	**10.36**
其中	人工费（元）		57.00	62.70	74.10	85.50	102.60	119.70	5.70
	材料费（元）		2.63	3.37	4.91	6.40	8.63	10.85	0.74
	机械费（元）		39.20	43.12	50.96	58.80	70.56	82.32	3.92
名称		单位	数量						
人工	安装技术工	工日	1.0000	1.1000	1.3000	1.5000	1.8000	2.1000	0.1000
计价材料	乙醇（酒精） 工业用99.5%	kg	0.1000	0.1100	0.1400	0.1600	0.1900	0.2200	0.0100
	无纺布	m^2	0.3000	0.4000	0.6000	0.8000	1.1000	1.4000	0.1000
	其他材料费	元	0.0500	0.0700	0.1000	0.1300	0.1700	0.2100	0.0100
机械	光功率计	台班	1.0000	1.1000	1.3000	1.5000	1.8000	2.1000	0.1000

13.11 电缆接续与测试

工作内容： 1. 确定位置、切缆、检测电缆、编麻线、芯线接续、复测对号、套管对位、划线、芯线处理、连接屏蔽线、端口清洁、包封套管、烤缩套管、整理和固定套管、气压及绝缘试验、做标识。2. 测试全部电缆的线对间及芯线对地绝缘电阻、按规定抽测环路电阻、测试全部电缆线对的近端串音衰耗、记录数据并整理测试资料、清理现场等。

定额编号		JT13－79	JT13－80	JT13－81	JT13－82	JT13－83	JT13－84	JT13－85	JT13－86
项目		电缆接续				封焊热可塑套管	制作封焊热可塑套管气闭头	电缆全程调测	
		0.6mm 以下		0.9mm 以下					
		100 对以下	100 对以上	100 对以下	100 对以上			100 对以下	100 对以上
单位		100 对	100 对	100 对	100 对	个	个	段	段
基价（元）		**84.38**	**127.38**	**125.14**	**152.83**	**30.27**	**42.24**	**372.24**	**573.48**
其中	人工费（元）	32.20	41.60	41.60	55.85	28.50	39.90	342.00	513.00
	材料费（元）	5.14	5.14	5.14	5.14	1.77	2.34		
	机械费（元）	47.04	80.64	78.40	91.84			30.24	60.48
名称	单位	数量							
人工 普通工	工日	0.1000	0.2000	0.2000	0.2000				
人工 安装技术工	工日	0.5000	0.6000	0.6000	0.8500	0.5000	0.7000	6.0000	9.0000

续表

定额编号			JT13－79	JT13－80	JT13－81	JT13－82	JT13－83	JT13－84	JT13－85	JT13－86
项目			电缆接续				封焊热可塑套管	制作封焊热可塑套管气闭头	电缆全程调测	
			0.6mm 以下		0.9mm 以下				100 对以下	100 对以上
			100 对以下	100 对以上	100 对以下	100 对以上				
计价材料	塑料标识牌	个	1.0000	1.0000	1.0000	1.0000	1.0000	1.0000		
	乙醇（酒精） 工业用 99.5%	kg					0.1000	0.2000		
	白布带 20mm×20m	卷	0.5000	0.5000	0.5000	0.5000				
	棉纱头	kg	0.1000	0.1000	0.1000	0.1000	0.1000	0.1000		
	其他材料费	元	0.2700	0.2700	0.2700	0.2700	0.0300	0.0500		
机械	串噪声测试仪	台班	0.5000	1.0000	0.8000	1.0000			0.5000	1.0000
	电缆标牌机	台班	0.1000	0.1000	0.2000	0.2000				
	对讲机	台班	0.5000	0.5000	0.8000	0.8000			0.2000	0.4000
	对线器	台班	0.5000	1.0000	0.8000	1.0000				

13.12 电缆充气

工作内容：开箱检查、清洁、安装测试、安装设备监视告警器、试运转，输气管的量裁、布放、固定、两端连接，电缆全程充气试验等。

定额编号			JT13-87	JT13-88	JT13-89	JT13-90
项目			安装充气设备	布放安装输气管	安装告警器	电缆全程充气
单位			套	20m/条	台	km
基价（元）			**121.22**	**14.47**	**25.70**	**101.88**
其中	人工费（元）		114.00	13.10	24.50	30.20
	材料费（元）		7.22	1.37	1.20	
	机械费（元）					71.68
名称		单位	数量			
人工	普通工	工日		0.2000	0.2000	0.2000
	安装技术工	工日	2.0000	0.1000	0.3000	0.4000
计价材料	镀锌六角螺栓　综合	kg	0.2500			
	塑料标识牌	个	1.0000	1.0000	1.0000	
	钢锯条　各种规格	根	1.0000	0.1000		
	棉纱头	kg	0.1000	0.1000	0.1000	
	医用纱布	卷	1.0000			
	其他材料费	元	0.1400	0.0300	0.0200	
机械	通信电缆充气机	台班				0.4000

13.13 保护管敷设及其他

工作内容： 1. 保护管敷设：沟底修整夯实、锯管、弯管、接口、敷设、管卡固定、刷漆、管口封堵及金属管接地。2. 穿放引上光（电）缆：加保护垫、做标识牌等。3. 安装引上钢管：定位、装管、固定等。4. 打穿墙洞：确定位置、打穿墙洞、封堵等。5. 安装支撑物：打眼、安装、固定等。6. 管道抽排水：抽排管道中的水。7. 管道封堵：封堵管道口防止淤泥和小动物进入。8. 管道清理淤泥：清理管道和电缆井中的淤泥等。9. 修剪树枝：修剪危及光（电）缆安全的树枝等。

定额编号			JT13－91	JT13－92	JT13－93	JT13－94	JT13－95	JT13－96
项目			子管敷设	钢管敷设（ϕ100）	穿放引上光（电）缆	安装引上钢管	打穿墙洞	安装支撑物
单位			100m	m	条	根	个	个
基价（元）			**314.79**	**11.95**	**38.71**	**42.59**	**39.78**	**20.50**
其中	人工费（元）		216.40	6.18	26.50	26.50	29.60	18.80
	材料费（元）		98.39	3.91	12.21	16.09	10.18	1.70
	机械费（元）			1.86				
名称		单位	数量					
人工	普通工	工日	4.0000	0.0900	0.1000	0.1000	0.8000	0.2000
	安装技术工	工日	1.2000	0.0500	0.4000	0.4000		0.2000

续表

定额编号			JT13－91	JT13－92	JT13－93	JT13－94	JT13－95	JT13－96
项目			子管敷设	钢管敷设（ϕ100）	穿放引上光（电）缆	安装引上钢管	打穿墙洞	安装支撑物
计价材料	镀锌扁钢　综合	kg		0.0750				
	钢管卡子 DN50	个		0.6500				
	塑料管卡子	个	72.0000					
	膨胀螺栓　M8	套	10.0000	0.3600				
	膨胀螺栓　M12	套				6.0000		
	镀锌铁丝　8号	kg	0.2500	0.1000	0.5000	1.0000		
	自粘性橡胶带　25mm×20m	卷			0.5000			
	塑料膨胀管 ϕ6	只	144.0000					
	醇酸防锈漆	kg		0.0500				
	沥青清漆	kg		0.0800				
	冲击钻头 ϕ8	支	1.0000					
	冲击钻头　ϕ12	支					1.0000	
	钢锯条　各种规格	根	2.0000		1.0000	1.0000		1.0000
	砂布	张			1.0000			
	棉纱头	kg		0.0300	0.3000			
	其他材料费	元	6.7800	0.1600	0.8000	0.1600	0.1000	0.0200
机械	管子切断套丝机　159mm	台班		0.0100				
	交流电焊机　30kVA	台班		0.0200				

定额编号			JT13－97	JT13－98	JT13－99	JT13－100
项目			顶管（ϕ150 埋深 5m 以内）			
			10m 以下	15m 以下	20m 以下	每增加 5m
单位			根	根	根	根
基价（元）			**2423.69**	**2998.19**	**3574.50**	**1181.14**
其中	人工费（元）		530.00	738.00	946.00	265.00
	材料费（元）		501.23	579.37	659.32	100.41
	机械费（元）		1392.46	1680.82	1969.18	815.73
名称		单位	数量			
人工	普通工	工日	2.0000	3.0000	4.0000	1.0000
	安装技术工	工日	8.0000	11.0000	14.0000	4.0000
计价材料	中厚钢板　12～20mm	kg	4.9500	4.9500	4.9500	
	无缝钢管　10～20 号 ϕ159 以下	kg	5.1310	6.8410	8.5520	3.4210
	沥青清漆	kg	3.5000	5.5000	7.0000	2.0000
	水	t	38.0000	55.0000	74.0000	20.0000
	枕木 160mm×220mm×2500mm	根	2.0000	2.0000	2.0000	
	其他材料费	元				2.9200
机械	电动单级离心清水泵　出口直径 50mm	台班	2.0000	2.5000	3.0000	1.0000
	污水泵　出口直径　70mm	台班	2.5000	3.0000	3.5000	1.5000
	电力工程车	台班	2.5000	3.0000	3.5000	1.5000

定　额　编　号			JT13－101	JT13－102	JT13－103	JT13－104
项　　目			管道抽排水	管道封堵	管道清除淤泥	修剪树枝
单　　位			处	处	处	处
基　　价（元）			**292.49**	**36.04**	**351.67**	**64.10**
其中	人　工　费（元）		45.60	11.40	27.05	64.10
	材　料　费（元）		7.88	24.64	7.88	
	机　械　费（元）		239.01		316.74	
名　　称		单位	数　　量			
人工	普通工	工日			0.5000	0.5000
	安装技术工	工日	0.8000	0.2000	0.1500	0.8000
计价材料	防火堵料有机柔性　YFD 型	kg		4.0000		
	自粘性橡胶带　25mm×20m	卷	1.0000		1.0000	
	其他材料费	元	0.1500		0.1500	
机械	污水泵　出口直径　70mm	台班	0.5000			
	泥浆泵　出口直径　100mm	台班			0.5000	
	电力工程车	台班	0.5000		0.5000	

13.14 光缆跨越

工作内容： 1. 光缆跨越低压线、弱电线、高压电力线、铁路、公路时，跨越架的搭设、拆除，放、紧线时跨越架的监护；2. 跨越河流时，利用船舶将导引绳、牵引绳引渡过河，在放紧线时进行分线和监护；3. 材料和工器具移运。

定额编号			JT13－105	JT13－106	JT13－107	JT13－108	JT13－109	JT13－110
项目			光缆跨越					
			低压线、弱电线	高压电力线	一般公路	高速公路	铁路	河流
单位			处	处	处	处	处	处
基价（元）			**379.63**	**827.46**	**488.76**	**572.58**	**504.53**	**107.22**
其中	人工费（元）		245.00	604.00	302.00	359.00	330.50	75.50
	材料费（元）		55.43	111.61	125.99	142.14	115.84	
	机械费（元）		79.20	111.85	60.77	71.44	58.19	31.72
名称		单位	数量					
人工	普通工	工日	2.0000	4.0000	2.0000	2.0000	2.0000	0.5000
	安装技术工	工日	3.0000	8.0000	4.0000	5.0000	4.5000	1.0000
计价材料	镀锌铁丝 8号	kg	2.0330	3.6150	1.1730	1.8790	1.4360	
	钢管脚手架 包括扣件	kg		4.1400	17.2030	16.9510	14.0430	
	木脚手杆 杉原木 $\phi80\times6000$mm	根	0.4800	0.7230	0.2470	0.3760	0.3020	
	毛竹	根	1.3310	2.1950	0.7320	1.1410	0.8960	

续表

定额编号			JT13－105	JT13－106	JT13－107	JT13－108	JT13－109	JT13－110
项目			光缆跨越					
			低压线、弱电线	高压电力线	一般公路	高速公路	铁路	河流
计价材料	安全网	m^2	1.6630	1.3390	0.7280	0.6960	0.8100	
	木桩	个	0.5400	1.2750	1.4700	2.6100	1.8000	
	其他材料费	元		2.0600				
机械	载重汽车　5t	台班	0.2450	0.3460	0.1880	0.2210	0.1800	0.0230
	机动船舶　5t	台班						0.2700

第14章 公共设备

说　　明

一、内容范围

本章包括通用计算机、打印机、扫描仪、电话机、IP 话机（含可视）、特种电话机、语音网关、传真机、信息模块、防雷模块、调音台、功放、音响、手动屏幕、电动屏幕、投影机。

二、未包括的内容

设备之间电缆（线）敷设。

三、工程量计算规则

1．通用计算机、打印机、扫描仪、电话机、传真机、调音台、功放、音响、投影机以“台”为计量单位。

2．信息模块、防雷模块、手动屏幕、电动屏幕以“块”为计量单位。

3．语音网关以“个”为计量单位。

四、定额套用及调整

1．特种电话机是指防尘、防水、防腐蚀、抗噪声的特殊电话机，子目不包括安装支架及基础的工作内容。

2．通用计算机安装已包含常用软件的安装调测，不包括软件费用。

14.1 公共设备安装调试

工作内容：技术准备、开箱检查、定位安装、通电检查、单机性能测试、互连、检测调试。

定额编号			JT14－1	JT14－2	JT14－3	JT14－4	JT14－5	JT14－6
项目			通用计算机	打印机	扫描仪	电话机	IP话机（含可视）	特种电话机
单位			台	台	台	台	台	台
基价（元）			**173.00**	**185.08**	**149.74**	**14.45**	**34.40**	**57.20**
其中	人工费（元）		114.00	119.70	108.30	14.25	34.20	57.00
	材料费（元）		0.20	6.58	2.24	0.20	0.20	0.20
	机械费（元）		58.80	58.80	39.20			
名称		单位	数量					
人工	安装技术工	工日	2.0000	2.1000	1.9000	0.2500	0.6000	1.0000
计价材料	标签色带（12～36）mm×8m	卷	0.0100	0.0100	0.0100	0.0100	0.0100	0.0100
	复印纸（A4）	包		0.2500	0.1500			
	激光打印机墨粉 180g	瓶		0.2000				
	其他材料费	元		0.0700	0.0200			
机械	功能检测分析平台（电脑）	台班	1.5000	1.5000	1.0000			

定额编号			JT14－7	JT14－8	JT14－9	JT14－10
项目			语音网关	传真机	信息模块	防雷模块
单位			台	台	块	块
基价（元）			**652.20**	**52.86**	**23.60**	**56.09**
其中	人工费（元）		456.00	51.30	22.80	45.60
	材料费（元）		0.20	1.56	0.80	0.41
	机械费（元）		196.00			10.08
名称		单位	数量			
人工	安装技术工	工日	8.0000	0.9000	0.4000	0.8000
计价材料	镀锌六角螺栓　综合	kg			0.1000	
	标签色带　(12～36)mm×8m	卷	0.0100	0.0100		0.0200
	复印纸（A4）	包		0.1000		
	其他材料费	元		0.0200	0.0100	
机械	二次防雷测试仪（机柜内小避雷器测试用）	台班				0.2000
	功能检测分析平台（电脑）	台班	5.0000			

定额编号			JT14－11	JT14－12	JT14－13	JT14－14	JT14－15	JT14－16
项目			调音台	功放	音响	手动屏幕	电动屏幕	投影机
单位			台	台	台	块	块	台
基价（元）			**466.08**	**270.68**	**156.68**	**57.64**	**107.12**	**48.49**
其中	人工费（元）		456.00	265.00	151.00	57.00	102.60	45.60
	材料费（元）		10.08	5.68	5.68	0.64	4.52	2.89
	机械费（元）							
名称		单位	数量					
人工	普通工	工日		1.0000	1.0000			
	安装技术工	工日	8.0000	4.0000	2.0000	1.0000	1.8000	0.8000
计价材料	镀锌六角螺栓　综合	kg						0.2830
	铜接线端子　100A	个					2.0000	
	标签色带　(12～36)mm×8m	卷	0.5000	0.2500	0.2500			
	乙醇（酒精）　工业用99.5%	kg		0.0500	0.0500	0.0500	0.0500	0.0500
	棉纱头	kg		0.0500	0.0500	0.0500	0.0500	0.0500

第15章 通信业务

说　明

一、内容范围

本章包括二线业务、四线业务、64Kb/s 业务、2Mb/s 业务、34Mb/s 业务、155Mb/s 业务、622Mb/s 业务、2.5Gb/s 业务、10Gb/s 业务、10/100Mb/s 业务、GE 业务、万兆业务。

二、未包括的内容

业务接入的相关审批手续。

三、工程量计算规则

二线业务、四线业务、64Kb/s 业务、2Mb/s 业务、34Mb/s 业务、155Mb/s 业务、622Mb/s 业务、2.5Gb/s 业务、10Gb/s 业务、10/100Mb/s 业务、GE 业务、万兆业务以“条”为单位。

四、定额套用及调整

1．业务接入是指主站与业务端具体业务的割接、接入开通，不论中间经过多少转接均按一条业务计列。

2．本章定额子目应根据建设单位的有关工作职能划分规定选择使用。

15.1 业务接入、割接、改接调试

工作内容：1. 业务开通前准备工作。2. 用户数据、功能的调试。3. 整理及填写调试报告。

定额编号			JT15－1	JT15－2	JT15－3	JT15－4	JT15－5
项目			二线业务通道	四线业务通道	64Kb/s 业务通道	2Mb/s 业务通道	34Mb/s 业务通道
单位			条	条	条	条	条
基价（元）			**278.94**	**303.33**	**414.00**	**364.44**	**392.94**
其中	人工费（元）		165.30	171.00	228.00	228.00	256.50
	材料费（元）		14.18	19.43	32.00	32.28	32.28
	机械费（元）		99.46	112.90	154.00	104.16	104.16
名称		单位	数量				
人工	安装技术工	工日	2.9000	3.0000	4.0000	4.0000	4.5000
计价材料	警示牌	个	4.0000	6.0000	10.0000	10.0000	10.0000
	标签色带 (12～36)mm×8m	卷	0.1000	0.1000	0.2000	0.2000	0.2000
	脱脂棉	卷	0.2000	0.2000	0.2000	0.2000	0.2000
	其他材料费	元	0.5600	0.6600	0.9100	1.1900	1.1900
机械	数据分析仪（数据测试仪）	台班	0.4000	0.4000	0.5000	0.6000	0.6000
	PCM 通道测试仪	台班	0.3000	0.4000	0.5000		
	功能检测分析平台（电脑）	台班			0.5000	0.6000	0.6000
	电压表（指针式）	台班	0.4000	0.4000			

定额编号			JT15－6	JT15－7	JT15－8	JT15－9	JT15－10	JT15－11	JT15－12
项目			155Mb/s 业务通道	622Mb/s 业务通道	2.5Gb/s 业务通道	10Gb/s 业务通道	10/100Mb/s 业务通道	GE 业务通道	万兆 业务通道
单位			条	条	条	条	条	条	条
基价（元）			**415.28**	**443.78**	**519.32**	**633.32**	**338.58**	**577.68**	**691.68**
其中	人工费（元）		285.00	313.50	342.00	456.00	142.50	285.00	399.00
	材料费（元）		32.28	32.28	32.28	32.28	32.28	32.28	32.28
	机械费（元）		98.00	98.00	145.04	145.04	163.80	260.40	260.40
名称		单位	数量						
人工	安装技术工	工日	5.0000	5.5000	6.0000	8.0000	2.5000	5.0000	7.0000
计价材料	警示牌	个	10.0000	10.0000	10.0000	10.0000	10.0000	10.0000	10.0000
	标签色带 （12～36）mm×8m	卷	0.2000	0.2000	0.2000	0.2000	0.2000	0.2000	0.2000
	脱脂棉	卷	0.2000	0.2000	0.2000	0.2000	0.2000	0.2000	0.2000
	其他材料费	元	1.1900	1.1900	1.1900	1.1900	1.1900	1.1900	1.1900
机械	光功率计	台班	1.5000	1.5000	2.5000	2.5000			
	数据分析仪（数据测试仪）	台班					1.0000	1.5000	1.5000
	功能检测分析平台（电脑）	台班	1.0000	1.0000	1.2000	1.2000	0.7500	1.5000	1.5000

主要编制人 郭　玮　董士波　马卫坚　顾　爽　喻玉龙　吕红霞　鲁开中
钟　敏　陈瑞军　王洪飞　何　坚　高朝阳　卫周松　包权宗
谭　毅　张　波　薛　崧　付薇冰　曹　妍　徐富平　周　慧
成　菲　吴郁生

主要审查人 任兆龙　董德平　税全利　徐慧超　张天学　李述兵　李　燕
张　波　张平利　屠庆波　任　妍